↑ 1993 年，雷・阿伦在参观康涅狄格大学时观看比赛。

← 1994 年，雷・阿伦高高跳起，超越防守者投篮。

→ 1994 年，雷・阿伦在与大东区圣约翰大学队对抗时带球上篮。

↑ 1995 年 3 月 11 日，在纽约麦迪逊广场花园举行的大东区男子锦标赛半决赛上，雷 · 阿伦跃起投篮。最终，雷 · 阿伦领衔的康大哈士奇队以 88 比 81 战胜乔治城大学霍亚队。

→ 1996 年 6 月 26 日，在选秀大会上，雷 · 阿伦被交易到密尔沃基雄鹿队。

↑ 1996 年，选秀大会球员，从左至右分别是马库斯 · 坎比、雷 · 阿伦、史蒂芬 · 马布里、科比 · 布莱恩特、谢里夫 · 阿卜杜勒－拉希姆、杰梅因 · 奥尼尔、克里 · 基特尔斯、史蒂夫 · 纳什、约翰 · 华莱士、安托万 · 沃克、萨马基 · 沃克。

← 1996 年 6 月 26 日，在选秀大会上，NBA 总裁大卫 · 斯特恩与密尔沃基雄鹿队第四顺位选中的史蒂芬·马布里和明尼苏达森林狼第五顺位选中的雷 · 阿伦合影。随后，马布里和阿伦被交易到对方的球队。

← 2001 年，在华盛顿特区 MCI 中心球馆举办的 AT&T 三分球大战中，雷 · 阿伦胜出。

← 2002年全明星赛前，迈克尔·乔丹、雷·阿伦和特雷西·麦格雷迪在更衣室。

← 2003年3月4日，西雅图超音速主场迎战明尼苏达森林狼，雷·阿伦的一个球迷手持偶像画像为他助威，最终超音速以92比83获胜。

← 2003年3月28日，西雅图超音速主场同孟菲斯灰熊的比赛中，雷·阿伦的一名小球迷在为偶像加油。

↑　2003 年 4 月 12 日，西雅图超音速客场挑战休斯顿火箭队，雷 · 阿伦面对埃迪 · 格里芬和姚明的防守，跳起投篮。

↑　2004 年 12 月 9 日，西雅图超音速做客达拉斯小牛队主场，雷 · 阿伦强突德克 · 诺维茨基上篮。

↑ 2005 年 2 月 19 日，NBA 全明星赛前训练时，雷 · 阿伦展示他代言的乔丹鞋。

↑ 2005 年 2 月 20 日，第 54 届全明星赛前，阿伦 · 艾弗森与雷 · 阿伦合影。

← 2005 年 4 月 8 日，西雅图超音速队在主场对抗洛杉矶湖人队，雷・阿伦强突科比・布莱恩特上篮。

↑ 2005 年西雅图超音速队全家福。前排（从左到右）：助教杰克・希克马、迪恩・迪莫波罗斯和鲍勃・韦斯、德韦恩・凯西，主教练内特・麦克米伦，总裁兼 CEO 沃利・沃克，总经理里克・桑德，总经理助理邱瑞克；中排：运动防护师西蒙斯基，身份不明者，卢克・里德诺（8），达明・威尔金斯（12），安东尼奥・丹尼尔斯（33），雷・阿伦（34），雷吉・埃文斯（30），罗纳德・默里（22），马汀・克利夫斯（24），助教德怀特・道博，视频专员沃尔特・罗克；后排：设备经理马克・圣维斯，弗拉迪米尔・拉德曼诺维奇（77），维塔利・波塔片科（9），拉沙德・刘易斯（7），罗伯特・斯威夫特（7），杰尔姆・詹姆斯（13），尼克・科利森（4），丹尼・福特森（21），身份不明者。

↑　2007 年 2 月 18 日，NBA 全明星赛在内华达州拉斯维加斯托马斯·马克中心球馆举行。西部明星队全家福（从左到右）：史蒂夫·纳什（13）、阿玛雷·斯塔德迈尔（1）、肖恩·马里昂（31）、梅米特·奥库（13）、雷·阿伦（34）、蒂姆·邓肯（21）、姚明、科比·布莱恩特（24）、凯文·加内特（21）、特雷西·麦格雷迪（1）、德克·诺维茨基（41）、约什·霍华德（5）、卡梅洛·安东尼（15）、托尼·帕克（9）和卡洛斯·布泽尔（5）。

↑　雷·阿伦和勒布朗·詹姆斯在训练中。

←　2007 年 6 月 15 日，雷·阿伦陪女儿蒂拉观看休斯顿彗星与西雅图风暴的比赛。

↑　2007 年 10 月 6 日，NBA 欧洲巡回赛期间，保罗·皮尔斯、凯文·加内特和雷·阿伦参观罗马斗兽场合影。

↑　保罗·皮尔斯、凯文·加内特和雷·阿伦 2008 年 NBA 总冠军的冠军戒指。

↑　波士顿凯尔特人三巨头合影：雷·阿伦（20）、凯文·加内特（5）和保罗·皮尔斯（34）。

↑　2010 年 5 月 9 日，NBA 季后赛东部联盟半决赛第四场比赛，波士顿凯尔特人主场对阵克利夫兰骑士，雷·阿伦突破勒布朗·詹姆斯的防守。

↑　2013 年 6 月 18 日，NBA 总决赛第六场比赛，面对圣安东尼奥马刺的 9 号托尼·帕克，雷·阿伦投中一记扳平比分的三分球。

←　2013 年 6 月 20 日，NBA 总决赛，迈阿密热火在第七场比赛主场战胜圣安东尼奥马刺，赢得总冠军。雷·阿伦与拉里·奥布莱恩冠军奖杯合影留念。

↑ 2013 年 6 月 24 日，迈阿密热火队在迈阿密举行总冠军巡游。

↑ 2013 年 9 月 30 日，媒体日，雷 · 阿伦摆拍。

↑　2014 年 1 月 14 日，NBA2012/2013 赛季总冠军迈阿密热火队拜访白宫，雷・阿伦和克里斯・波什向奥巴马总统赠送热火球衣。

↑　2014 年 5 月 20 日，NBA 季后赛东部决赛第二场比赛，迈阿密热火客场挑战印第安纳步行者。

↑ 2014 年 6 月 10 日，NBA 总冠军第三场比赛上半场，雷·阿伦与蒂姆·邓肯争抢篮球。

↑ 2018 年 9 月 7 日，篮球名人堂入选仪式上，入选者雷·阿伦与阿朗佐·莫宁和克里斯·波什合影。

↑　2018 年 9 月 7 日，雷 · 阿伦的妈妈弗洛和妻子香农出席奈史密斯篮球名人堂入选仪式。

↑　2018 年 9 月 7 日，雷 · 阿伦和妻子香农、母亲弗洛共同出席奈史密斯篮球名人堂入选仪式。

献给香农、蒂拉、雷雷、沃克、温和威斯坦。
你们促使我坚持向目标前进，你们是我每天的灵感来源。

FROM THE OUTSIDE: My Journey through Life and the Game I Love

FROM THE OUTSIDE: My Journey through Life and the Game I Love
by Ray Allen with Michael Arkush

RAY ALLEN

FROM THE OUTSIDE

剑道

雷·阿伦自传

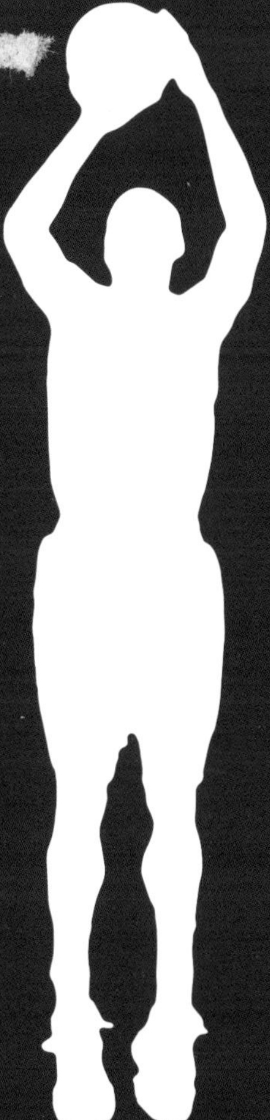

[美] 雷·阿伦 [美] 迈克尔·阿库什 — 著

虎扑篮球 三猎 — 译

MY JOURNEY
THROUGH LIFE AND
THE GAME I LOVE

金城出版社
GOLD WALL PRESS
中国·北京

图书在版编目（CIP）数据

剑道：雷·阿伦自传 /（美）雷·阿伦,（美）迈克尔·阿库什著;
虎扑篮球, 三猎译. —北京：金城出版社, 2019.12
书名原文: FROM THE OUTSIDE
ISBN 978-7-5155-1808-4

Ⅰ.①剑… Ⅱ.①雷… ②迈… ③虎… ④三… Ⅲ.①雷·阿伦-自传
Ⅳ.①K837.125.47

中国版本图书馆CIP数据核字（2019）第005206号

剑道：雷·阿伦自传

著　　者	［美］雷·阿伦　［美］迈克尔·阿库什
译　　者	虎扑篮球　三猎
策划编辑	李轶武
责任编辑	李明辉
责任印制	李仕杰
开　　本	710毫米×1000毫米　1/16
印　　张	18
字　　数	180千字
版　　次	2019年12月第1版
印　　次	2019年12月第1次印刷
印　　刷	天津旭丰源印刷有限公司
书　　号	ISBN 978-7-5155-1808-4
定　　价	59.80元

出版发行	**金城出版社** 北京市朝阳区利泽东二路3号　邮编：100102
发 行 部	（010）84254364
编 辑 部	（010）64391966
总 编 室	（010）64228516
网　　址	http: //www.jccb.com.cn
电子邮箱	jinchengchuban@163.com
法律顾问	北京市安理律师事务所 18911105819

序　言

A FOREWORD BY SPIKE LEE

进退两难。我正在执导我原创的剧本《单挑》，该电影讲述了美国一个最好的篮球运动员的故事。主人公叫耶稣·沙特尔斯沃思，是来自布鲁克林区康尼岛亚伯拉罕·林肯高中劈木人队的小前锋。

据我所知，有太多有关篮球的电影，其中演员的球技糟糕透顶到让人出戏。而我的电影首要任务是要挑选一名真正的球员，他看上去要足够年轻，能够饰演一名高四学生。因此，我列了个候选人名单，包括那些即将被联盟选中的大学球员，以及已经进入联盟的球员。

我试镜了很多球员，密尔沃基雄鹿队的雷·阿伦是获得评价最高的球员，他是我的首选也是唯一的选择。现在回头看，雷的表现依然让我惊叹。

须知：雷以前不仅没有表演经验，而且他还必须跟威严、强大、杰出的丹泽尔·华盛顿演对手戏。这就像与乔丹、“魔术师”，甚至两者的组合对抗一样。对于一个首次演戏的人来说，这是可怕的挑战。正如你们看到的，雷·阿伦并未怯场。雷进入了角色。他全心全意投入影片中这段紧张的父子关系之中，正如他整个职业生涯所展示的那样。

我要感谢雷，是他使得《单挑》成为一部杰出的电影，并赋予耶稣·沙特尔斯沃思以鲜活的生命。

斯派克·李

布鲁克林区

纽约大学电影研究生院终身电影教授

目 录

CONTENTS

1 一生一次的绝杀 /1

2 孩子，到南方去 /11

3 高中和更高的期望 /29

4 孩子，到北方去 /45

5 在斯托斯 /63

6 搭建舞台 /83

7 鹿开始的地方 /101

8 耶稣与乔治 /119

9 鹿终止的地方 /137

10 翱翔西雅图 /153

11 驶向波士顿 /171

12 新年戒指 /191

13 那么近，但是…… /213

14 最后一站 /235

后 记 传 承 /253

致 谢 /260

FROM THE OUTSIDE

1 一生一次的绝杀

THE SHOT OF A LIFETIME

伟大如勒布朗·詹姆斯，这一刻都没办法拯救我们了。

比赛还剩 10 秒，他投丢了一记三分球。这意味着，除非发生奇迹，否则圣安东尼奥马刺只要保住最后的篮板球，就可以夺得总冠军。而我们，拥有勒布朗、德怀恩·韦德和克里斯·波什三巨头的迈阿密热火，即将在三年里第二次输掉总决赛。

秃鹫们——我指的是体育写手们——在我们头顶盘旋，随时都会扑上来。毕竟之前我们曾放话一定会夺冠——勒布朗在 2010 年加入热火队时说道：“（我们将夺得）不是一个（总冠军），不是两个，不是三个，不是四个……”——这些牛皮眼看就要落空。

迈阿密南海岸的球迷对我们可不会有太多宽容。2013 年 6 月的那个晚上，很多观众在最后时刻已经涌向出口准备退场回家，这让我和队友都怒不可遏。一个又一个夜晚，我们都在球场上跟对手肉搏，先是 82 场足以让人精疲力竭的常规赛，再是 2 个月的季后赛，更不要说球队去年已经为这座城市带来过一座总冠军奖杯。

绝大多数人都认为比赛已经结束了。工作人员在球场四周拉好了黄线，为随后联盟总裁大卫 · 斯特恩颁发拉里 · 奥布莱恩冠军奖杯提前布置场地。唯一的悬念只剩下总决赛 MVP（最有价值球员奖）的归属了。

马刺队对付我们很有一套——这点无须讳言——在比赛还剩 28.2 秒时，他们拥有 5 分的领先优势。

在对阵马刺时，我们总是很紧张。他们是 NBA（美国职业篮球联赛）中最高效的球队。每个队员都有能力命中三分球，或者运球突破对位防守人。这都源于一个有魔力的词：信任。他们的主帅格雷格 · 波波维奇信任自己的球员。而这是很多教练都做不到的。他们只会把自己的手下钉死在固定的角色上，从第一场球到第八十二场球，始终如此。如果你不背负更多责任，你怎么会有进步？怎么能为球队贡献更大的价值？

另一方面，我们也送了马刺不少大礼，连续三次进攻都以失误告终，其中还有两球来自勒布朗！在第三个失误后，我对马努 · 吉诺比利犯规，把他送上了罚球线——所幸他两罚只有一中——我们的教练埃里克·斯波尔斯特拉叫了暂停。

“事情不应该搞成这副样子的。”球队替补诺里斯·科尔说道。没错，诺里斯，你说得没错。

不过，这次暂停，并没有任何绝望的情绪。我有过许多那样的经历，球员们在暂停时互相高声埋怨，吵得都听不清教练在说什么。而在这一刻，环视四周，看着队友们的表情和身体语言，我敢说每个人都还没有放弃。只有这样，你才能保住希望。

比赛继续，老将后卫迈克·米勒发出界外球，勒布朗接球后立刻三分出手，没进，但迈克抢到了篮板球，并再一次传给了勒布朗。这次他没有失手。分差缩至 2 分。马刺队的科怀·伦纳德被战术犯规，比赛只剩 19.4 秒，但很幸运的是，他两次罚球同样只有一中。

马刺 95 分，热火 92 分。

一切都还有可能。这项运动就是如此，篮球有时会出现一些不可思议的走向，这种事情我从 1996 年进入联盟起就见多了。有时候，你甚至觉得有什么神秘力量在操控着篮球的轨迹。

此外，在这生死关头，我们还拥有一项明显的优势：我们有克里斯·波什（CB）。

身高 2.11 米的 CB——我们都那么叫他——是场上最高的球员。因为蒂姆·邓肯，圣安东尼奥马刺的队魂，此刻正坐在板凳席上。波波维奇将他换下，换上了另一个大个子，鲍里斯·迪奥。后者更为敏捷，可以在防守挡拆时在外线追赶我们。精彩的临场调整。

天啊，在勒布朗再次错失三分球后，CB 抢到了本来可能由邓肯收下的关键篮板球。比赛还剩 9 秒。

很显然，我们急需一记三分球。命悬一线。不管是谁。谁投都行。

我希望那个人是我。小时候，这种生死关头的剧本就在我脑海里一遍又一遍地上演过：我在场上，手中有球……

比赛还剩 5 秒，球到了阿伦手里，落后一分。他运球突破到罚球线，防守人上来了。急停。起跳。果断投篮。唰！！观众们都陷入了疯狂。队友们把雷 · 阿伦高高举起。他们赢得了 NBA 总冠军。

我想，我应该跟其他成长于 20 世纪 80 年代、喜爱篮球的孩子没什么两样，都想成为迈克尔 · 乔丹（MJ）。那年我 14 岁，第一次在电视里看到乔丹，对手是纽约尼克斯。他在球场上疾驰，飞跃所有人的头顶。我告诉自己：我要像他那样在空中飞翔！

但让我惊讶的是，无论在大学联赛还是 NBA，我发现有很多球员，哪怕是顶级球星，在有机会成为乔丹的时候，却不那么地期待，尤其是在关键时刻。

毫无疑问，他们在比赛的大部分时间都相当勇敢——喷着垃圾话，命中各种不可思议角度的投篮——但到了最后时刻，在缔造英雄传奇的关头，他们却没了影儿。他们害怕因为错失绝杀而被一遍又一遍地提起。如果接到了球，不管机会再怎么好，他们都会迅速地把球扔出去，结果每个人都传个不停。

而我的思考角度恰恰相反：我总是在幻想，如果自己能命中关键球，将会得到多么大的奖励。就算没进——上帝保佑这不要发生——至少我也证明了自己有担当的勇气，敢于冒着失败的危险，赌上自己的名誉。所以说，赌赢的机会至少是五成，说不定还不止。

说老实话，只有很少一部分人是真心喜欢这种有机会成为英雄的时刻。但他们又经常会瞎扔一气，选择那些防守队员恰恰希望他们出手的投篮机会——超级后仰跳投，或是歪七扭八的抛射——而不是更符合个人技术特点的投篮方式。

想要做好迎接挑战的准备，其实没有什么诀窍。在任何领域取得成功，条件都是一样的：

献身于此。日复一日。年复一年。

看到篮球落到 CB 手中的瞬间，我明白自己只有一个地方该去：三分线的后面。

也就是说，后退三步，或者四步，退到右侧底角去。的确，这使我没能找到最完美的投篮节奏，但我知道，在全国各地的一间又一间训练场内，自己始终在为这个时刻做着准备。

在密尔沃基雄鹿，也就是我进入联盟后的第一站，我想出了一种特别的专项训练，先是跪在地上，然后跳起身，接球，出手。或者躺倒或趴在地上，然后起身投篮。重点在于强化肌肉记忆，以便能在一片混乱中仍保持良好的出手动作。

在篮球世界里，几乎没有比这一刻更混乱的时候了：NBA 总决赛中的淘汰赛，球队落后 3 分，而计时器也成为你场上的对手。你需要依靠某种沉稳的东西，才能确保自己的身体不会因紧张而僵硬。你必须让自己觉得曾经见识过这种场面，哪怕这并非事实。

谢天谢地，CB 看到我在那里，把球传了过来。现在看我的了。首先，我一定不能踩到边线，它们就在我的脚边。我跟你说，这可没那么简单。我的密尔沃基队友，蒂姆 · 托马斯，三分线外百步穿杨，可前提是他得在界内。他总是先来一个后撤步，结果经常踩出界外。我们的教练乔治 · 卡尔都快被逼疯了。

“蒂姆，你得搞清楚自己在哪儿！”乔治老是这么喊。

对于篮球来说，空间和位置就意味着一切。这就是我一看到勒布朗出手，就马上冲向三秒区的原因。

这听上去不太合理，对吧？难道我不应该待在原地，靠近三分线，等着 CB 或者其他哪个队友抢到篮板球再传过来，抢投一个三分球吗？别忘了，两分球对我们来说无济于事。

事实并非如此。在我往篮下冲的时候，防守我的丹尼 · 格林也跟着往里跑，所以等到 CB 传球给我的时候，格林没能出现在最好的防守位置上。如果我还待在外线，格林就会紧紧盯住我。而现在，他可能想的是：*雷 · 阿伦不会去投三分。我不需要太担心他*。

当然，把球投进篮筐这件事本身也是个问题，而且并不轻松。整个晚上，我都没能融入进攻端。斯波尔斯特拉认为，比赛越重要，他就越应该指望三巨头。在我们的 92 分里，勒布朗、CB 和韦德合计得到了 52 分。而我，只命中一个球，还是在第四节中段才姗姗来迟，此前四投全失。直说吧，我发挥得挺失常的。

要说有哪一点做得好的话，那就是我的头脑完全集中在比赛上。在我生涯刚开始的时候，情况并非总是这样。我得承认，有时候，坐在板凳席上，我会让自己的思绪飘荡一会儿，会看看观众席上的人，比如家人、朋友或者哪个吵吵嚷嚷的观众，而不是全神贯注地盯着球场上发生的事情。那时候我自己可能都没意识到这一点。这都是经验，年轻人们，快掏出小本本记上。幸运的是，我很快就学会了摒除那些杂念，百分之百地集中在比赛上。

说到底，这样的走神，哪怕只是一瞬间，也可能会让你和你的球队付出惨痛的代价。随时随刻——有队友受伤，或者根据对方刚派上场的球员做出调整，或者仅仅是灵光一现——教练都有可能叫到你的名字，如果这时候你的注意力恰好没有放在比赛上，你就会搞不清很多情况：

谁手感火热？谁手感冰凉？

你的对手在防挡拆时采用哪种策略？

裁判们是哨子响个不停，还是放任球员们肉搏？

无须多言，这是 NBA 总决赛第六场，我的注意力绝不会放在其他事情上。在过去 16 个赛季里，我只在 2008 年的波士顿凯尔特人队赢下过一枚总冠军戒指。对于已经 37 岁的我而言，此时此刻说不定是争取戒指的最后机会了。

让我们回到最后那个回合。勒布朗三分不中，CB 抢到篮板，把球传给底角的我。本场比赛的胜负，整个赛季的胜负，都悬而未决。我直身跳起，孤注一掷就像我身在狙击电话亭中一样，出手投篮。

篮球是否会直穿网心而过——从而救我们于生死——我并没有把握。我只知道，我已经尽自己所能，做好了一切准备。仅仅那一天，我在赛前训练就跳投了200多记。弧顶、肘区、右底角、左底角。我练了所有角度的投篮。

同样，中场休息时我也练得比平时更多，因为我知道在这种比赛里，没空在场上再寻找投篮节奏，随时都得做好准备，投进必须投进的那一球。

但还是可能投丢。

在这一刻，篮球以及我们的命运，已经脱离了我的手掌，我深深地恐惧最糟糕的结果。

我跳得不够高。球举得不够高。这球很难投得进。

下一个瞬间，我跟所有人见到了同样的景象：唰！比赛，突然之间令人惊讶地变成了95平！

真的打平了吗？当时底角处一片混乱，我不知道自己出手时到底踩没踩三分线。裁判们在显示屏前看着回放录像，结果要等一会儿才知道。

我走向场边，看到迈克·米勒一脸担忧。

"我踩线了没有？"我问道。

"我觉得没有。"迈克说。

但他不能确定。谁都不能确定。

一切都取决于区区几英寸之间。如果任何一只脚的任何一丁点儿踩到三分线，我们还是94比95落后，马刺握有球权，比赛还剩5.2秒。我们需要立刻抢断，或者快速犯规，然后祈祷我们能再进一个。

结果出来了。不用再担心了。我清清楚楚地站在三分线外。球迷——那些没有放弃支持我们的球迷——都陷入了疯狂。我后来听说，已经去停车场的人希望能重新进场看球，但遭到了拒绝。

从那一刻起，我们占据了优势，防住了马刺的最后一次进攻——托尼 · 帕克后仰跳投不中——然后在加时赛里 8 比 5 获胜，总比分 103 比 100。没有人比勒布朗更高兴的了。

“谢谢你，耶稣。”他说，“谢谢你啊，耶稣。”他指的是耶稣 · 沙特尔斯沃思，我在 20 世纪 90 年代末在斯派克 · 李执导的电影《单挑》里扮演的角色。

“我很高兴能做好自己该做的部分。”我对他说。

两天后，在抢七战中，我们再次险胜，95 比 88。勒布朗引领着我们前进，他砍下 37 分，包括 5 记三分球，还有 12 个篮板。替补前锋沙恩 · 巴蒂尔同样发挥出色，三分球 8 投 6 中。我一分没得，但这有什么大不了的？我在第六场投进了必须投进的三分球，而我们现在是世界冠军了。

赢下第二枚戒指我激不激动？当然了。在体育世界还有比这更美妙的滋味吗？见鬼，绝对没有。

但是，不管抢七战后更衣室里的那种感觉有多爽——香槟与泪水齐飞，压力释放后的长出一口气——真正的成功其实并不来自那个夜晚。胜利来自其他的夜晚，一个又一个夜晚，没有球迷，也没有照相机。

只有我和篮球。

2016 年的一天，我碰到达拉斯独行侠队老板马克 · 库班。他对我大加赞美。

马克并没有说我投进了多少个三分球，创造了多少纪录。他说的是，如果我所在的球队造访达拉斯，他会在比赛开始前几小时来到球馆，看我独自进行常规训练。他所说的，正是我职业生涯中最珍视的，而且仍将是我最珍视的。

比赛总会超出我个人的掌控，只身一人时则恰恰相反。我的投篮、我想尝试的动作、我奔跑的距离，都尽在我的掌控之中。这是我最平和的状态。

这也让我想起了很久很久之前在南卡罗来纳州达尔泽尔小镇度过的那些日子。那时候，篮球就是希望，像一束光，照进黑暗而混乱的世界。

2 孩子，到南方去

GO SOUTH, YOUNG MAN

在成长过程中，我从没有真正融入哪里。

我有什么办法？我的爸爸沃尔特 · 阿伦是美国空军的一个金属技师，这意味着我们要经常搬家——从北加利福尼亚（1975 年 7 月 20 日我出生于此）到德国，到俄克拉何马，到英格兰，再到南加利福尼亚，1988 年秋天，我们搬到达尔泽尔，距离州府哥伦比亚市大约 64 公里。这也是为什么 20 世纪 90 年代中期我进入 NBA 后，相当习惯于客场的旅途。

我无比感谢这段经历。我有机会去许多一般人一生都不会去的地方，这也让我明白了一件事：不管我多么为自己是个美国人骄傲，但这并不意味着我们拥有唯一正确的思考和生活方式。英国人有自己看问题的角度，德国人也一样，地球上的其他文明同样如此。对于一些始终生活在一个地方的人来说，这或许很难理解，但这个世界确实不是绕着美国在转的。

另一方面，哪怕你去的都是最美好的地方，这种四处漂泊的生活总还有相当不便的方面。对我而言，最伤心的莫过于总要跟自己深深珍爱的东西告别。不管对什么东西灌注心血，结果都是很快就再也不见。

我试图跟其他孩子打成一片，希望他们能明白我跟别人并没什么两样。但是，就算我们处得再怎么要好，每过两三年，告别的时刻都会到来，我或者他们又得搬去下一个地方。你可以说，我就像被同一个总经理——山姆大叔——交易了一次又一次，而且不管他命令我们去哪儿，我都得从头再来一遍。每一次，我都很受伤。而我最强烈地感受到自己是个外人的时刻，是我们第一次走进南卡罗来纳……南方。

19 世纪 60 年代末，南卡罗来纳州第一个宣布退出联邦，南北战争就此爆发——距离李将军向格兰特将军投降已经过去 120 年，但这场战争仍在继续，只不过是用言辞代替了武器。

被扔到一个我之前几乎一无所知的地方，这已经够难的了，而且还发生在已经开学几个月后。几个月的时间足够造成巨大的影响。大家已经结成了帮派，成见也已然形成。现在，冒出一个不知道从西部哪里来的新孩子。说真的，我有什么机会融入他们？

而这次，我不是家里唯一一个适应不好的人。

送我去埃比尼泽初中读书的第一天，妈妈忍不住大哭了起来，因为她看见学校又脏又破，离墓地只隔着一条街。

车沿着路再多开一段，你就会看到农场，一座接着一座，还有树林。直说好了，我们住在农村，而且，在某种意义上，就像生活在过去。我不是瞧不起农村——那儿有许多很好的人——但这对于我们来说是一次很艰难的转变。我们在那儿服役时，妈妈总是感到很内疚。

为了让你们更好地理解我们当时的处境，我举个例子：学校饮水器里的水刚出来时是橘黄色的，因为水管都锈了。但你还是得喝，不然就得渴上一整天。

即便如此，我和兄弟姐妹们都没有抱怨。这可能是因为打我记事起，我们家并不是很有钱。政府会花钱给我们租房，但剩下的花销都归我们自己。

说老实话，达尔泽尔的其他家庭过得一样艰难，但我们家有 5 个孩子——我是老三——所以什么都很吃紧。我穿着破洞的鞋子，衣服也没得挑。有时候，我要穿比我大 3 岁的哥哥约翰淘汰的衣服，但我个子长得快，所以也穿不久。我们每个人都牢牢地记得两周一次的发薪日，那意味着能去商店买些东西，然后尽可能地多用些日子。

毫无疑问，你必须想方设法地勉强过活，这跟我们在加利福尼亚时是一样的。不过，那时，我曾在这样的境况里犯下一个巨大的错误。那是 11 岁还是 12 岁时，我走进空军基地的一家杂货铺，偷了一盒甘草糖。我很饿，并且知道不该再向妈妈要 10 美分。我小心翼翼地把甘草糖藏进夹克的袖子里，然后往门外走，觉得自己真是个天才。

我是个蠢货。柜台后面的店员以快过加里·佩顿的速度截住了我。警察迅速赶到，把我扔进了警车后座，带去警局。

等我缓过神来，发现自己已经被关进了小黑屋。每分钟都如一小时般漫长。我当时吓得要死，就为了一盒破甘草糖。

最疯狂的事情是，我害怕的并非警察，而是我的爸妈。我宁可被逮捕，也不想面对他们。

首先是妈妈。每次我调皮捣蛋，她都会果断地掏出皮带。而这回，她什么话都不用多说，脸上失望的表情就够我难受的了。

“真不敢相信你会干出这种事。”她对我说，“我真希望你爸爸快点回家。”

这是我走运的地方。爸爸正在韩国服一年役。现在想来，这可能正是我一开始有胆子冒险的原因。他不可能从 11000 公里之外拿皮带抽我。

他唯一能做的就是把我骂个狗血淋头，而我不能抱怨。我的所作所为说不定会导致他军阶降一级，而在军队，军阶意味着一切。

谢天谢地，爸爸没有被降军阶。否则我这辈子都不能原谅自己。而等到 2 个月后他回家时，这件事早已被忘个精光——除了我从中得到的一条教训：永远不要拿不属于你的东西。

在成长过程中，还有许多其他的教训，其中不少都同样惨痛。

有次，在南卡罗来纳，一个朋友跟我说，他会拿一条短裤到我家，借我第二天上学穿。我急需这样一条短裤。几周以来，我都只有两条牛仔裤换着穿。学校里其他孩子注意到了这一点，毫无顾忌地当着我的面取笑。我要给他们看看。我要穿着新短裤，穿过埃比尼泽中学的走廊，让他们再也不能拿我开玩笑。

那天晚上，我坐在窗边，等着我的朋友，等啊等，等啊等……

他始终没有出现。我早已忘了他后来给了什么理由。我只记得自己当时下定决心：一定一定会有那么一天——越早到来越好——我再也不必非得依靠其他人帮我闯过难关。其中包括我爸妈，尤其是爸爸。虽说家里钱不多，但他其实本可以为我们做得更多。

无数个早晨，我在5:00被停车的声音吵醒，那是他跟朋友折腾一整夜刚回来。让我始终惊叹的一点是，他依然能在几小时后去上班，就像睡了一整夜似的。尽管如此，他花掉的钱意味着我在学校食堂没钱买食物。

“你怎么不吃午饭？”别的孩子常常这么问我。

“我不饿。”我说。

我觉得宁可撒谎——对他们，某种意义上也是对我自己——也好过遭受羞辱。那两条牛仔裤就已经够我受的了。

需要指出的是，爸爸在工作中深受同事尊敬，下属都从他这里学到了很多。然而，以他的聪明才智，却没能在部队晋升到他本能达到的位置。那时候我就对自己发誓：*长大后不管干什么工作，我都要尽自己所能去努力。*不过，不管我对他的一些做法有什么意见，他还是我爸爸。我爱他。

另一方面，妈妈并不总能理解，有一回她还为此吃了苦头。当时她和爸爸在吵架，结果爸爸对她动了手。我试图分开他俩，却被修理了一顿。我只有 13 岁，毫无还手的机会。

妈妈为什么对他不离不弃？嗯，他们确实分开过几回。爸爸曾两次到韩国服役，但都没带上我们。我们兄弟姐妹都怀疑，这是因为爸妈想试试看，两地分居会不会对他们婚姻有所帮助。有效果吗？我说不好。在我印象里，爸爸从韩国回来后，他俩的相处方式并没有任何改变。不过我可能不是最合适的评判者。

我不得不说，妈妈之所以愿意跟爸爸修补关系，一个重要的原因是我们家的经济状况。不管夜里怎么出去厮混，爸爸每两周总会将薪水带回家。考虑到家里有那么多张嘴需要填，这些钱着实相当重要。

虽然有很多家务事要做，妈妈还是想方设法挤出时间打两份零工：在加油站收银，以及给基地刚腾空的房子做保洁。她要搞定每一寸地方：擦洗厕所、墙壁和地板，清洗踢脚线，修理灯具，而我们兄弟姐妹也会一起帮忙。她的这些额外收入能让家里好过不少。

毫无疑问，脏活、累活对她来说并不陌生。20 世纪 50 年代末，她在阿肯色州的农村长大，一放学回家就要跑到田里帮家里人摘棉花。

在加利福尼亚的初期，我自己也挣了一些钱：帮人修剪草坪。

在爱德华兹空军基地，这可是笔大生意，因为每周四都有例行检查。你不能让草长到人行道上，钻出地缝，否则会被通报。在邻里闲逛的时候，我会记下谁家自己剪草坪，谁家雇人做。

很显然，我不是基地里唯一想到这个绝妙点子的小孩，这也意味着我不得不跟其他人竞争。所以每周三下午，在去挨家挨户敲门前，我都会反复练习自己准备说的话。

我没有从中发什么大财——一块草坪 10 美元——我通常在半小时内做完，在天黑前做 5 家。这样就是 50 美元，实实在在地做上一整天，足够到商店买点糖和其他物品。

在到南卡罗来纳之前，不管在国内还是国外，我和兄弟姐妹们都在基地学校上学，那里篮球场、网球场以及其他各种设施一应俱全。你会觉得自己身在大学校园里。国防部支付一切费用，在一尘不染的教室和廊道里，你别无所求。学校为我们提供的一切都是最好的：最好的课程、最好的教科书，以及最重要的——最好的老师。他们收入可观，备受尊敬，对学生相当关心，尽心尽力地帮助孩子们做好迎接未来挑战的准备。

坦白地说，这些描述并不适用埃比尼泽中学和山顶高中。后者是我后来读的学校，离前者大概几公里远。

老师们收入不高，没有太多的教学手段和资源。他们对我们很关心，尽管有的人会不假思索地给你评个不及格。我时常在想，有些孩子的人生本可以大不相同，只要老师们对他们的态度是信任，而不是随随便便就放弃。对一些教练来说也是如此。

以哥哥约翰为例。高四时，他是全州最好的跑卫之一。须知，这里可是南方，橄榄球永远是这里的信仰。约翰的学业成绩算不上顶尖，但他是个很聪明的家伙。然而，有个教练并没有等等看约翰的成绩是否能提高，而是放出话，约翰不会从他班上毕业。哥哥对此一无所知。

于是，招募人员停止考察他，他最终没能进入大学，人生的轨迹自此改变。需要说明的是，哥哥按时毕业了。

不过，埃比尼泽的老师们确实有很多事情要处理。直到今天，我所听过的最频繁的脏话还是来自初中时代的同学之口。要知道，我浸淫篮球运动多年，历经推搡、撞击以及其他不断挑战个人男子气概的行为，见识过的污言秽语绝不算少。

还有酗酒、嗑药、性行为——想想吧，我们都还没上高中，到那时性激素只会更泛滥。八年级时，一个女生怀孕了。对我来说，最奇怪的事情在于，竟然没有人觉得这有什么大不了。我想这足够说明那里的风气。

虽然需要适应这样一种全新的文化，但我依然尽自己所能地认真学习，只是其中的一些内容让我很困扰。

举个例子：美国史。

在加州的历史课上，我学习了亚伯拉罕·林肯、泰迪·罗斯福、约翰·肯尼迪等我们国家曾经的领导人，所以我预计在埃比尼泽也会学到其他前总统的事迹。然而，我学到的却是南卡罗来纳州前领导人——对我而言，这些人绝不可能成为领导人——以及很多黑人。

其中包括约翰·卡尔霍恩，19 世纪初担任参议员、副总统……同时还是个大奴隶主！不，老师教给我们的可不是这样的约翰·卡尔霍恩；那些真相是我自己后来发现的。但不管怎样，我没有向学校任何人抱怨，也没有跟父母说过一个字。他们已经有太多事情要操心的了。

对于我们国家充满种族主义色彩的过往——当下同样如此，你大可以这么说——我们的老师完全没有一丝的愧疚。相反，他们对之大加赞扬，完全无视奴隶制所留下的苦痛是那么深，伤害了那么多人，持续得那么长久。要我说，在一个坚持选举90多岁的斯特罗姆·瑟蒙德（种族隔离政策的坚定支持者）为参议员的地方，一个邦联旗帜就悬挂在州政府大楼上的地方，你还能期待什么呢?

实际上，在离我家几个街区的地方，有一片很大的住宅区，称为奥克兰种植园。原来的种植园建筑依然完好无损，包括挂在墙上的镣铐，让人看了毛骨悚然，但我们当时太小，还不明白这究竟意味着什么。现在，每次回忆起那些镣铐，我都会感到胆寒。经历了2017年夏洛茨维尔骚乱，我们终于明白了拆除这些令人感到压抑的符号的必要性。虽然为时已晚，但迟到总比永远不到好。

那时，对我来说，不只是黑与白的问题。有的黑人同样瞧不起我。这不仅是由于我是个新来的，还因为我说话方式上犯了错。

“你说话像白人孩子。”他们一直这么跟我说。

白人孩子?

我之前从来没有听过这种说法，这让我觉得沮丧又困扰。我一直就是这样说话的。我完全不知道黑人应该怎么说话。在每一个驻地，我都从来没有考虑过我或者身边的玩伴是什么肤色。我们服役的同伴是其他美国人，而不是美国白人或美国黑人。

当然，孩子就是孩子，有时候说话有口无心。因为我在南卡罗来纳不认识任何人，并且希望像往常一样融入其中，所以特别容易受同伴评价的影响。人生第一次，我开始怀疑自己：我做错了什么吗？我应该变得跟他们一样吗？

说话跟大家不一样并非我唯一的过错。我还胆敢跟白人男孩女孩交朋友，哪怕他们只是恰好住在隔壁。这一点我始终无法理解。仅仅因为我跟白人小孩一块儿捉迷藏，并不能说明我也是个白人。

在加利福尼亚时，事情可不是这样的。

还记得电影《伴我同行》吗，由瑞凡·菲尼克斯和科里·费尔德曼主演，背景音乐是本·E. 金 20 世纪 60 年代初的经典老歌？我在爱德华兹基地认识的伙伴，有黑人也有白人，我们好得跟电影里那些孩子一样。

我们会到其中一家的后园露营，去溪边钓鱼，在基地娱乐中心打台球、乒乓球和电子游戏，每天晚上都在其他孩子家里过夜，甚至都不必跟爸妈说一声。那些时光真是美妙。我们知道，这样的日子一定有个尽头——总会有谁的爸爸要调动工作——但都希望就这么一直下去。

现在，我到了南卡罗来纳，在这里你必须跟自己的同类待在一起。你可以在家里跟白人孩子一起玩，或者在公交车站一起等车，但是，在其他有可能被同学看到的时候，你就有义务选择一边。午饭时间的食堂是这种隔阂最明显的地方。白人跟白人坐在一起，黑人跟黑人坐在一起。你会觉得自己是在 1958 年，而不是 1988 年。

我在埃比尼泽的第一天可以说是黑暗的一天。我走过一个白人孩子，听到他说："Bo。"我没有停下来。*他不可能是在跟我说话*，我心想。

但他是，而且还不是唯一一个那么叫我的白人孩子。久而久之，我开始习惯这个称呼，甚至告诉自己，这是一种被接纳的信号，就像是“哥们儿”。

我太天真了。我后来发现，Bo是“男孩”（Boy）的俚语。在我看来，这种说法的侮辱程度不亚于“N-word”（“黑鬼”），而且其他黑人孩子也这么叫我，跟白人孩子没有什么不同。虽然确实有一些黑人用“Bo”作为某种亲密的称呼，但这个词的来源——主人对黑奴的叫法——还是让人感到十分冒犯。我跟爸爸提过这件事，他说基地有些人也喊他叫“Bo”。这给了我一些慰藉：自己并不是唯一一个被这么叫的。

没关系。Bo就Bo吧，我对此无能为力。我唯一能掌控的是，每天早上公交车开到埃比尼泽中学门口时，选择加入黑人孩子还是白人孩子。

我做了第三个选择：篮球。跟我一起打球的人——他们是黄人也好，绿人也罢，我都不在乎——我就跟他们交朋友。

我跟篮球的初恋发生在8岁，当时我们住在萨克斯曼德姆，英格兰本特沃特斯皇家空军基地附近的一个小镇。

我爸妈都为当地的半职业球队效力，打得相当不错。爸爸能在任何位置出手，左右手都能投篮。而妈妈——不跟你开玩笑——她的绰号叫作“卡车”。她像推土机一样碾压过自己的对手，在给别人一肘子这件事上从不犹疑。妈妈的真名是弗洛拉，人们都称她“弗洛”。她能得分，能抢篮板，完全可以在我后来效力过的一些球队打上球。

在观众为他们欢呼喝彩的时候，我的注意力则放在低头寻找从人们口袋里掉到地上的零钱上。几小时能收获多少，说出来保准吓你一跳。

一次，在比赛结束后，爸妈都在更衣室，球场上没有其他人。我人生中第一次捡起了篮球，投了几个篮。然后，不知道是什么力量在推动着自己，我开始了练习：先是左边 3 个左手上篮，然后到右边换成右手上 3 个。要想成功完成，我必须连续命中 6 个上篮。没什么难的，我心想。我看爸妈上篮都很轻松。

但我失败了。

小时候，当事情的进展不如我所愿时，我只会做一件事：放声大哭。我不明白自己为什么不能百发百中。我完全没有意识到，篮筐有 3 米多高，而我的个子只有一半高。

在英国期间，我再没有碰过篮球，不过这跟上篮失败没有关系。我当时忙于别的事情，我们宿舍附近也没有球场。直到 2 年后，我才给了这项运动又一次机会。在爱德华兹空军基地，我参加了六七年级的联赛，没用多长时间就意识到自己很厉害。当我把球扔向篮筐时，进的总比不进的多一些。

我的姿势并不怎么值得观赏。我会双臂抱胸，把球收在下巴底下，朝着篮筐起跳，并且用两只手投篮。天哪，现在回忆起来，我都不知道那些球是怎么投进去的。我的教练杰夫 · 伦施勇敢地承担了纠正我投篮动作的艰巨任务。他给我录视频，再放给我看，这起到了相当大的帮助。他的建议很简单：

垂直起跳。用上双肘。一只手托着球，另一只手放在球上方。脚趾正对篮筐。屈膝。眼睛始终盯紧篮圈。

杰夫还带我去看了人生中第一场 NBA 比赛。那是 1987 年 3 月，洛杉矶湖人在论坛体育馆迎战底特律活塞。

我们看着双方队员在球场两端热身。我不敢相信双方的中锋那么高。湖人传奇卡里姆 · 阿卜杜勒 - 贾巴尔和活塞的比尔 · 兰比尔在电视里看起来可没那么震撼。

杰夫说，如果我能要到卡里姆的签名，就给我 20 美元。太难了。这概率跟我封盖掉卡里姆的“天勾”差不多。我当时是个害羞的小男孩，在看到别人被拒绝之后，我干脆问都没问。我发现卡里姆正在进行自己的个人练习，隐约感觉到这对于 NBA 球员来说是一个神圣的时刻。老兄，我的感觉还真准。那时候我还太小，还不能领会这项运动的诸多诀窍，但已经明白，篮球绝不只是把球投进那么简单。

这或许可以说明在 20 世纪 80 年代那支绰号“表演时刻”的湖人队里，为什么我最喜欢的球员不是卡里姆，也不是“魔术师”，以及迅捷无比的詹姆斯 · 沃西，我最喜欢的湖人队员甚至不是首发五人的一员，而是迈克尔 · 库珀，身高 1.96 米的精瘦后卫，精通各种不会在 ESPN《体育中心》栏目播出，却能帮助赢下篮球比赛的事情：

卡位。破坏传球。做掩护。造进攻犯规。

这就是库珀，日复一日。

杰夫，还有菲尔 · 普莱森特教练，总是盯着我练习基本功，练到头晕目眩方休：

如何用左手运球。

如何用右手上篮。

如何击地传球。

如何空切。

如何做投篮假动作。

比赛的任何细节都不会被忽略。我是那么专注于基本功的练习，以至于直到今天，我都不确定杰夫和菲尔究竟谁才是主教练。当我发现要搬去南卡罗来纳的时候，除了要跟朋友们离别，我还担心自己还有没有机会遇到像他俩一样全心投入又精通业务的教练。

那时的埃比尼泽室外球场，链条制成的篮筐，地面由砾石铺就，显得多么落后。现在看起来又那么美好。

在早晨上课前，我们大约有 20 分钟的时间，足够来上一两局比赛。我很快发现，在南卡罗来纳，人们打的是另一种篮球，与在加利福尼亚完全不一样。大家在场上飞奔，用身体打球，而不依赖于假动作、掩护和空切。这里的推搡和抓挠要更多。

打架也更多。大块头的孩子看着就让人害怕——信不信由你，一些人已经长了满脸的胡子——谁都不敢挑战他们。你需要防范的是那些小个子们。他们成天被推来搡去，因而感到有必要证明自己不是好惹的。

上课铃在 8:30 响起，大家都急忙赶去上课。然而，篮球却始终在我脑海中萦绕，挥之不去。这听起来可能是什么老桥段，但我确实逐渐对篮球变得愈发熟悉：

如何向一个方向转身，然后向另一个方向转身。

如何在投篮时提高弧度。

如何保证运球时不被抢断。

到最后，就球而言，几乎没有我不熟悉的地方。这很重要，因为在比赛里，球是你能控制的部分。你不能控制你的对手或者队友。只有球会一直跟你在一起。只要你愿意一直跟球在一起。

我一局接一局地赢球，渐渐地，孩子们开始聚集起来看我打球。这相当令人激动，不仅是因为我的好胜心，更因为我通过篮球这种方式让人们接受了我，不再说我像白人孩子一样说话。

有一天，不知道什么原因，我在球场的各个点尝试着勾手投篮。橄榄球队队长和他的朋友从旁边经过，恰好见证了我从 6 米开外命中了一记勾手。多么幸运！多么巧合！

“这家伙挺厉害啊。”队长说。

在大多数情况下，我打球的方式跟其他孩子差不多——运球推进，快速出手，不知道是在参加篮球还是田径比赛。同时，我始终没有忘记自己在加利福尼亚学到的基本功，这些东西在很长一段时间里都让我受益匪浅。

只是，在野球场上打得好还不够，我还必须在那些作数的比赛里表现得好才行。而我很快就得到了属于自己的机会。

喇叭里传来了广播的声音。

“想要参加篮球队选拔的人，明天上课前到体育馆集中。”

我当然去了。不过，去的人可不少，一切都是未知数。教练把我们分成了三组，让每个人投 25 个罚球。我是个非常棒的罚球手，牢记着加利福尼亚的教练说过的话，屈膝，眼睛紧盯篮筐。但如果我那天手感不好怎么办？我的篮球生涯会不会还没开始就宣告终结？

幸运的是，我手感颇佳。我 25 投 23 中，比其他人都好得多。我敢说教练对此印象深刻。不过，同样参加选拔的肯尼——这是个化名——却不那么认为。

"你不可能入选的。"肯尼对我说。

我一言未发。你能对这么一个对你一无所知的人说什么呢？我不知道他为什么那么笃定，或许是担心自己不能入选吧。

选拔后几天，我发现自己成功入选了。肯尼再次试图破坏我的心情。

"这毫无意义。"他说，"你不可能首发的！"

再次，我一言未发。

他不是个坏人。实际上，我们每个人的生命中都有一两个肯尼。他们总是在说，我们做得不够好。问题在于：我们是否要相信他们的话？

非要说的话，我很感谢肯尼所说的话。很长一段时间里，他的话都停留在我脑海里。每当我陷入犹疑——这样的时刻并不少——都是他的话在驱动着我前进。*我会首发的。肯尼，等着瞧吧。我会成为球队里最好的球员！*他是第一个刻薄地批评我却被我化为动力的人，但绝不是最后一个。

入选球队带来了丰厚的回报。许多把我当作外来客的人，现在开始觉得我很酷。更棒的是，人们不再以我属于哪一个团体评判我。

“他是个篮球好手，是个运动员。”他们如此说道，而不再是“他跟黑人孩子混在一块”或者“他跟白人孩子玩在一起”。

另一个好处是，在有比赛的日子，我可以穿着热身服去上学，于是我有了两条牛仔裤之外的第三个选项。当我走过走廊的时候，我感受到了一种从未品尝过的自豪感。

有的孩子甚至开始相信我身上有什么特别的东西，不只是因为我的篮球技巧。

一天，我们一群人待在更衣室，等待训练开始。不知中了什么邪，我突然向大家吹牛，说我会开锁。是是是，你真厉害，他们嘲讽我说。好，你们看好了，我说道。我随便找了把锁，左左右右转了几圈，把耳朵贴在上面，就像电影里演的那样。然后，你敢相信吗，这玩意儿开了！这简直像上帝他老人家决定帮我这个忙。

“你是怎么做到的？”他们想知道，“再来一遍吧。”他们恳求道。

不。一次就够了。我知道自己再不会那么幸运了。

虽然不知道怎么回事，但开锁这件事确实意义重大。这个年龄段的孩子总是想方设法给同伴们留下点深刻的印象。

而在篮球领域，我就不需要借助运气了。我变得越来越强，靠的完全是努力训练，再没有别的。1990 年秋天，我即将进入山顶高中就读。那里会有更多的观众，更高的奖赏。

我希望自己能经得起这些挑战。

3 高中和更高的期望

HIGH SCHOOL AND HIGH HOPES

我确实经受住了那些挑战，靠的不仅是在野球场上和初中篮球队里付出的努力，还有在肖空军基地——爸爸工作的地方——度过的那些周六、周日的早上。

周末早上，爸爸和基地的其他人会打几局友谊赛。好吧，比赛过程并不那么友好——他们可是玩真的。他们会在 9:30 到场，有时更早，然后把名字写在布告板上，5 对 5 的全场比赛会在 10:00 开打。到得晚一点，你可能等上很久才能上场，甚至根本上不了场。

爸爸可不是那种愿意等的人。他会 9:00 准时出发，如果我还没准备好，他就不等我了。我家有个地下车库，所以有时候，还没起床的我会在梦中听见他那辆老旧越野车发动的声音。我会迅速抄起球鞋，随便抓点吃的当早饭，飞奔下楼。如果没赶上，我就得自己骑车去，或者找个朋友送我一程。我无论如何都不愿意错过那里的篮球赛。

不过，按照球馆工作人员的说法，我一开始就不应该到那儿去。其他打球的人都是二三十岁，有几个已经 40 岁了。我才 13 岁。另一个问题在于，我还挤占了基地工作人员打球的机会。

好消息是，随着时间的推移，我显得比实际年龄要成熟——八年级到九年级，我长了十二三厘米，身高达到了 1.88 米——所以爸爸可以偷偷带我进去，其他人也没有意见。只有一次，保安在前门拦住了我们。爸爸声明，我已经在这儿打了一年的球，表现得比岁数两倍于我的人还要好，个头也比他们高。即便如此，保安还是不答应。不出意料，爸爸制造了一点小麻烦，随后因为不服从命令受到了传唤。

我丝毫不觉得丢脸。我很自豪。爸爸为我站了出来。

实际上，爸爸对我很少流露情感，对其他儿女也一样，他从来不会跟我们在院子里玩耍。乐高、玩具、橄榄球，都没有。想想看吧，我记忆中他从来没跟我玩过单挑。我很确定他对我的兄弟姐妹们也是如此。他从来没有对我说过“我爱你”。现在回想起来，我多么希望他能这么对我说。那样的话，或许我也会更自然地告诉家人或其他亲近的人：“我爱你。”

尽管如此，但我始终明白，爸爸对我们的爱已经达到了所能达到的最大限度。在肖空军基地的那个早上便是他表达爱意的方式。

在那里打球的时候，我学会了很多东西，其中一些远远不止于篮球，而是涉及成功与失败之间的根本差别。很多球友在各自的生命中都是很了不起的人，努力供养家庭，同时为国家效命。但可能由于早年间的一两次错误决定，导致他们无法触及自己真正的梦想：成为职业运动员。我不记得究竟有多少人向我抱怨，说他们本来可以实现梦想的，要不是因为酒精、女人或别的什么年轻时犯的错误的话；说如果能重来，他们一定会做出不一样的选择。我相信他们说的话。他们确实有那么优秀。

*但那不会是我。*我告诉自己。*我不会在20年后的某个周六早上在某个军事基地跟某个小屁孩儿分享自己的悔恨。我不羡慕他们曾拥有过的大好前程，因为我会把自己的未来牢牢攥在自己手中。*

他们的比赛打得很快。先得到11分的队伍获胜，然后跟名单上的下一支队伍接着比。输球的一方则掉到名单的最下面，这种感觉是最让人讨厌的。你只能去球馆另一座篮架投投篮，或者练练举重，以打发时间，但哪怕重新轮到你们队上场——这可说不准——你面对的也只是一群精疲力竭的对手。赢下他们什么也证明不了。

球员之间的身体接触相当激烈，但是没有任何裁判，你必须自己叫犯规。大家基本上都不说什么，除非很明显被打到了。

“尊重一下我的吹罚。”他们会说。

当然，跟全美国任何一个地方的街头比赛一样，总会有那么一个人，每次出手不中就大喊：“犯规！”见鬼，在NBA我也知道有几个球员每次进攻失败都朝裁判怒目而视。

“你打到我手了。”他们会这么抱怨。

那又怎样？那根本不是个犯规。手是球的一部分。要是知道有那么多球员不清楚这条规则，你一定会很惊讶。事实是，他们自己投丢了球。每个人都会把球投丢。

在肖空军基地，我赢了不少比赛。这要感谢我的射手爸爸和哥哥约翰——那个橄榄球明星。其他人看到我们三人出现，就会说：“啊哦，阿伦一家来了。”他们称我们为“表演时刻”，把我们比作那支传奇的湖人队。我们会拿到球，迅速推进，然后把球送进篮筐。就这么一个回合接着一个回合。

我也输了不少。当地最好的球手会到这儿来，相信我，他们是认真的。一开始他们进不来基地，但我们经常在大门口集中，把他们一起带进来。我们阿伦一家希望成为最强的队伍。想要如此，我们就必须击败最强的对手。

在那之前，我知道怎么投篮，但不知道怎么扣篮。我还太矮，连试都没法试。直到在肖空军基地，我才学会了扣篮，而有一球尤其让人难忘。

那天我起得太迟，没赶上爸爸的车。我和一个朋友一起到了那里，把名字写在公告板上，结果碰到爸爸做对手。他赢了好几场，自我感觉良好。我不记得当时的比分了，总之我在下快攻，队友把球传到了我手上。在我和篮筐之间只剩下一个人，是谁呢？你知道的。我高高跃起，然后……哐！

球馆里所有人都陷入了疯狂。

“他扣了他爹！”他们大喊道，“他扣了他爹！”

那个扣篮一开始对我来说没什么特别的——只不过是两分而已，我们还有一整局要赢——但很快就变得意义重大。这意味着我在篮球上步入了一个全新的级别，而且之后只会越来越强。如果你可以扣篮，你就像在五楼打球，而别人还在一楼。在篮球世界里，没有任何东西能像扣篮一样摧毁对方的士气。被你在脑袋上扣篮的球员会明白，自己几乎没有任何办法可以阻拦你。

不过，爸爸从来没有提起过那次扣篮。那时没有，现在也没有。所以我不确定他的感受。就像我之前说过的，我们之前的关系并不是那样的。他从来没有任何的称赞或者鼓励；这些属于妈妈的工作。她才是从第一天起就说我会成为世界上最好的球员的那个人。

山顶高中同样地处偏远，不过因为紧挨441号公路，不需要穿过土路就能进入校园，所以让人觉得距离文明社会要稍微近一点儿。首先，饮水器的水，谢天谢地，不是橘黄色的了。

学校并不大，每届大概有200个学生，不过已经足够成为州高中篮球联盟4A级[1]一员了。这意味着我能跟区域内顶尖的球员交手。我正需要这样的挑战，未来才有机会拿到大学的奖学金。

我还必须在场下盯牢自己。我不时看见有人在食堂里掏出一大把20美元，我很确定他们不是在买午饭。但我没有被诱惑进毒品圈子，

1 美国高中篮球比赛，一般会根据不同学校的规模，分别归入A级至5A级，各自进行比赛，争夺州冠军。——译注

也从未触碰过哪怕一根大麻，在进入大学和 NBA 后亦是如此。

不必多言，人有时会在错误的时间出现在错误的地方，而这会把妈妈吓得半死。我的规定回家时间是半夜 12:00，没有任何谈判的余地。她完全可以成为一个强硬的球队总经理。

“你不能让自己陷入某个有失体面的场合。”她告诉我，“你以后会走出这里。你的人生是用来完成一些了不起的成就的。”

她知道自己在说什么。拿我一个好朋友举例吧：

一个周五晚上，他去了一家酒吧，结果在那儿杀了人。我本来很有可能跟他在一起，结果要么作为帮凶，陪他进监狱，要么被当场枪杀——谢天谢地，所幸没有发生。那就是我当时所居住的世界。这也是为什么我更愿意跟兄弟姐妹们一起待在家里，而不像别人那样通宵开派对。

因为不参加派对或学校的舞会，所以我在社交上比较疏离，但这些是我愿意付出的代价。此外，早早上床睡觉让我更容易在第二天早上第一个进入球馆，这比一切都重要。

另一方面，我不是个苦行僧。我是个男人，有着正常的需求。你懂我在说什么。

她的名字叫作罗莎琳德。我俩的共同点简直少得不能再少。她读高四，我读高二。她属于时髦圈子的一员，我不属于任何圈子。她有过男朋友，我没谈过任何一场恋爱。

我们的共同点，一是个子很高，身材苗条——她有 1.83 米高；二是我们都还保有童贞。实际上，第二点让我很不开心。须知，我身边的孩子还没到开车的年龄就已经有了性生活，而我还没上过一垒（指接吻）！

当朋友告诉我，有个深色短发、刚跟男朋友分手的美女在打听我——我——的事情时，我迅速展开了行动。我不记得自己当时说了什么，但那时我跟女孩子相处总会很害羞，所以一定说得磕磕巴巴的。

无所谓，反正我成功了。我跟罗莎琳德交换了号码，很快——按照当时流行的说法——就确定了关系，不过她对“确定关系”的定义跟常人不同。每次我随她走过走廊，她总是超前我几步，从不停下等我跟上。我不确定这是不是跟我们在学校的地位不同有关，但我就是没有勇气让她放慢速度。我也不敢太过热情，而她对此很不满意。我会在她脸颊上亲一下，仅此而已。

“我们应该吻得松嘴时我一点口红都不剩下。”她告诉我们的一个朋友说。终于有一天，我像她所希望的那样用力吻她，后来她再也没有抱怨过了。

读高三的时候，每次罗莎琳德从哥伦比亚市（她念大学的地方）回来，我们都会住在她家或者我家。

你可以猜到后来发生了什么。她怀孕了，我们毫无疑问地选择留下这个宝宝。我们也毫无疑问会结婚。在 20 世纪 90 年代初的南方，这是很寻常的做法。事实上，这正是我所期待的。我和罗莎琳德深爱着对方。为什么不把我们的爱跟孩子一同分享呢?

不过，我还得读完高中和大学，但愿我可以。我们家族从来没有人拿过大学文凭，因此这对妈妈来说意味着一切。管好你自己的学业就行，她向我保证，孩子由她来带。

尽管如此，我还是很恐惧。设身处地，谁不会恐慌呢？很快，孩子就会变成我的责任，而我还不明白如何为人父，如何供养家庭。我曾经对爸爸的一些做法感到不满，但我从未面对过他需要处理的压力。当好一家之主这件事或许比我过去认为的要复杂得多。

帮我战胜这些恐惧的，除了妈妈的保证，还有我从周围的军人身上所收获的信念。我不会假装说自己清楚他们在出生入死时脑子里在想什么，但看看他们的行为，我开始意识到，但凡脉搏还在跳动，人就有能力战胜一切艰难困苦。即将出生的孩子迫使我更加专注于自己的未来，因为这不再只关系到我一个人。

我最大的遗憾是没有亲眼看到女儿蒂拉的出生。那是高四的秋天，我只知道罗莎琳德要去医院做一个检查，却不知道她已经临产了。妈妈跑来学校，告诉我这个喜讯。等我赶到医院，第一眼看到小女儿的时候，我再次感受到了巨大的压力：摆在自己面前的将是极其艰辛的未来。

我几乎每天都去看蒂拉。罗莎琳德希望女儿尽快跟爸爸熟悉起来，因为我马上要去读大学了。最初几周，我表现得又紧张，又笨拙。我会帮她换尿布，给她喂食，但我从来没有过照顾宝宝的经验，根本不知道该怎么跟她玩。

与此同时，妈妈就像她保证过的那样，给我们送来了所需的尿布、婴儿食品、牛奶和衣物。考虑到她的经济状况，这实在是不小的牺牲。

我第一次见到山顶篮球队教练詹姆斯·史密斯是在初中的时候。他总是朝着自己的队员大吼大叫。有一次，我不骗你，我看到他把摆放篮球的架子朝球员们砸了过去。*这家伙是个疯子*，我心想。

我错得不能再错了。在我为史密斯教练效力的3年里，他几乎没有提高过声调。实际上，绝大部分时间他都很安静，你甚至注意不到他的存在。在我看来，这是你能给教练的最高赞誉之一。对裁判也是如此；我们甚至连他们的名字都不应该知道。比赛，无论何种级别，都应该属于球员。他们才是球迷来观看的对象。

史密斯教练设法确保我们拥有最完美的体形。每天放学后，我们要跑4.8公里——不对，是5公里。就是在那个时候，我意识到了自己对跑步的热爱，以及憎恨。

他会给我们报名参加地区越野赛。虽然总是跑得满身尘土，但我们逐渐适应了体力透支的那种感觉。在训练中，当他鸣哨命令我们再多跑几圈的时候，我常常会盯着他，心想：*他是瞎了吗？他看不出我们已经没力气了吗？*事实是，我们确实还保留着体力，他对此很清楚。

我们不属于州内强队之一。现在也不是。我们依然在学习如何跟队友配合，这需要一些时间。我们有几个人在埃比尼泽篮球队打过2年，但高中比赛要激烈得多。在高二，我们最大的成就是击败了主要的死敌萨姆特高中。那一刻的感觉像赢下了州冠军一样。那个赛季，我场均20.5分、10个篮板，但还不够具有侵略性，对整个赛场的阅读也不足。这些直到后来才有所提升。

与此同时，成为球队一员在塑造个人形象方面所起到的作用要比初中的时候大得多。在埃比尼泽，没多少孩子会看球，所以他们一般是通过广播了解发生了什么：“九年级男队战胜了某某对手，雷·阿伦得到了最高的 12 分。”在山顶高中，比赛结果会刊登在报纸上。许多同学都想跟我玩在一起。我还以球员的身份为人们所知，因而再次得以避免在黑人和白人之间做出选择。

另一方面，不管我在球场上表现得多么好，为学校做出多少贡献，还是有一些孩子不愿接受我，而且这种情况永远无法改善。我不属于他们。这里的“他们”，指的是那些终其一生都待在达尔泽尔的人。

给你们举一个绝佳的例子。整个高四年级会在食堂集中，颁发各种奖项，内容几乎跟美国每一所高中一样——你懂的，什么“年级活宝”“最佳情侣”“未来最有可能当上总统的人”，等等。

每个被念到名字的学生走到最前面，接过证书，大家会送上热烈的掌声。但是，当他们叫到我的名字，把“最有可能功成名就”奖颁发给我的时候，整个房间陷入死一般的寂静。考虑到我那年的优秀表现，他们没有别的选择，只能把这项荣誉授予我，但这并不意味着他们对此感到高兴。搞得好像接受这个奖项是我的错似的。

人们——包括我的队友在内——总是在等着我做什么傻事、说什么傻话。我犯错的时候，他们就狠命嘲弄。比如有一次，我获得了全州本周最佳球员，因此要在食堂接受本地电视台的采访。我没有说“球馆”，而称之为“比赛场馆”。他们揪住这个词开了一大堆玩笑。在达尔泽尔，从来没有人会使用“比赛场馆”的说法。

还有一次，高四那年，在对阵西弗洛伦斯的比赛里，开场跳球后，我抢到了篮球，然后来了个折叠战斧扣篮。但回应我的只有一片沉默。为什么球迷一点不兴奋？谁敢说这不是亲眼见过的最精彩的扣篮之一？

“那是我们自己的篮筐。”一个队友说。

天啊。太尴尬了，这么说还算是轻的。虽然这并不影响结果——我们屠杀了他们——但很长一段时间里，我都在听人说起那个球。如果某个前队友今天还在跟人讲述那个球的故事，我也不会感到惊讶的。

很多人会到我家来玩，我们也会出去逛一会儿，但我始终感觉我们中间有一道屏障，而原因不仅是因为我并不出身于他们的世界。原因同样在于我的成功，而他们明白，正如妈妈所说，我以后会走出这里，我的人生会有了不起的成就，而他们则不大可能如此。有个队友总是在训练中故意对我凶狠地犯规，弄得我满身抓痕，甚至流血。另一个队友告诉别人说，我可能会拿到大学奖学金，而结果也就是在板凳席上坐 4 年，然后变成一个酒鬼回到老家。这让我想起了肯尼，就是初中时说我进不了校队的那个家伙。

最终，我不再跟旁人分享好消息，哪怕是那些我曾以为会关心我的人。我的队友克里斯，大名莫里斯，每次我把自己收到的招募信拿给他看，他都没有任何表示。我意识到，这肯定是因为各所大学寄给我的信不断涌来，而他没有。于是我决定，再也不把信拿给他以及其他人看了。克里斯最后去了南卡罗来纳一所小学校，我们后来断了联系。这件事告诉我们一个道理：不要在他人面前表现得对自己的成功太兴奋。很多人不在乎你是否成功，有的人甚至还盼着你失败。

此外，我也没空把时间浪费在考虑别人怎么看我上。有太多事情要做了。十年级到十一年级的那个夏天，我参加了业余体育联合会（AAU）的比赛，与华盛顿特区和弗吉尼亚州的顶尖球员交手。那时候的华盛顿特区是高中篮球体前变向技术之都：我从来没有在其他地方见过那么花哨的运球。AAU 最棒的地方是有机会去大城市打球，同时还能见到来自南卡罗来纳州各处的孩子，其中一个来自格林维尔，位于达尔泽尔西北 240 公里。

那个孩子叫凯文·加内特。

凯文和我有一位共同的朋友。朋友驾车先接上我，然后去接他，然后把我们送到哥伦比亚市，跟来自南卡罗来纳大学的球员打比赛。旅途有几小时，不过那时我们才 16 岁，而且想要知道如何跟比自己年龄大的球员做对手。那个夏天，我俩变得很熟。

“老兄，你就像乔丹。”凯文曾说过，“每次他得到 30 分，你就能拿 35 分。”

相信我，我可不是乔丹，但我在高三时很明显变得更强了，在 AAU 的那个夏天正是原因之一。我找到了自己高二时所不具备的侵略性。另一个原因则是我跟罗莎琳德的感情。我从这段关系中收获了自信。

我们的球队也在进步。我们开始明白哪些战术有效果，哪些没有。史密斯教练让我们自己去打。他的话从没有那么少过。

他在招募信上也帮了很大的忙。有些教练，当他们手下有球员得到顶尖学校的注意时，就会把这当成一个机会——他们自己的机会，而不仅是孩子们的。

你想让他给你们打球，好啊，你也得给我好处。

反过来，如果学校没有给教练好处，结果就是：我保证会送这孩子去别的学校。

史密斯教练可不是这样。他是否希望在自己的生涯中能有利可图？肯定的。但他会取之有道，而且绝不会把我或其他人当作讨价还价的筹码。我那时还太天真，直到几年之后，成了职业球员，我才知道招募员会习以为常地进行一些私下的交易：汽车、女人、金钱，以及你能想到的一切。但那时候，没有人给我一毛钱，这可能是因为他们觉得我还不够好。1993 届有许多比我受欢迎的球员，比如拉希德·华莱士、杰里·斯塔克豪斯和杰夫·麦金尼斯，他们后来都进了 NBA。

有时候，我也会质疑自己到底是不是足够好。十一年级结束的那个夏天，我参加了在印第安纳波利斯举办的耐克年度训练营。亲眼看见自己与其他人之间的差距，我意识到自己回到南卡罗来纳以后，不能只是赢下比赛；我必须统治比赛。我未能入选训练营结束时的全明星赛，这让我很受打击。多说一句，这场比赛可是要上电视的。

那场比赛我是在露天看台上看的，身边是史蒂芬·马布里，他当时将要读十年级。

“哟，”史蒂芬说，“这一周我都在看你打球。你比下面那些人要强。”

“我能做什么呢？”我对他说，“冲进场地，让他们派我上场？”

从马布里的脸上，我看得出他确实觉得我就该这么干。我们绝对想象不到，4 年之后，我们会在 NBA 选秀大会上以相邻的顺位获选，然后马上互换东家。我们那时连大学都还没上呢。

告别印第安纳波利斯时，我前所未有地专注。高四时，我当选了南卡罗来纳州的佳得乐年度球员，场均 28.5 分、13 个篮板、6 次助攻。我还有了个绰号——“甜蜜的雷”，来自一名教练兼广播员。

“你做的一切都是那么甜蜜怡人。”他告诉我。

消息传得很快，特别是在我们那么小的州。我们的球馆只有 650 个座位，人们会从侧门溜进来，站着看完比赛。他们想弄明白，我到底有没有传言中说得那么强。不过，他们首先得弄明白哪个是我。那时候还没有互联网，你的面孔不会传得到处都是。我在赛前热身的时候听到球迷们在搜寻我：

“那个是他。”

“不。那边那个家伙才是雷 · 阿伦。”

“你们都错了。罚球线上的那个才是他。”

我倒更希望人们的注意力集中在球队身上，而非我一个人。我们的确配得上。在那个时间点，我们已经是全州最强的球队之一了。

我和一些球员从八年级起就是校队队友，此外还会在肖空军基地和我家附近的球场上交手。随着个子长高——我长到了 1.96 米，其他人都是 1.91 米或 1.88 米——我们学会了在篮筐上空打球。最开始用排球练习，比较好抓住，然后逐渐过渡到真家伙。我们对阵的好些球队中都有人身高 2.03 米或 2.06 米，但都不是那种能接管比赛的球员。

我们的运动能力基本上比所有球队都强。我们有一套固定的战术，我会把球传给阻区[1]的罗尼 · 莫兰特——我们管他叫“T”，然后向禁区冲去。他会把球高高抛起，然后我接球大力扣篮。对手知道接下去会发生什么，但无力阻止其发生。

有时候，对手根本想不到接下去会发生什么。我们有一个花招。T 会在底线发球，当裁判把球交到他手上时，我会大喊：“我来发球。”防守我的人就会放松警惕，就那么一瞬间，而这对我来说已经足够。T 会把球传给空切的我，轻松扣篮得分。

我们在常规赛中 23 胜 4 负，并把势头保持到在萨姆特莫里斯学院举行的淘汰赛。州冠军赛在南卡罗来纳大学的校园里举行，我们对阵詹姆斯 · 伯恩斯中学。上半场，我们 40 比 14 领先，然后就开始了庆祝。高兴得太早了。

最后几分钟，分差被追至个位数。直到今天，我都不知道他们是怎么追回比分的。幸运的是，我命中了几记跳投，然后用一记扣篮锁定了胜局。我最终得到 25 分，15 个篮板。我们是州冠军了！

有人可能觉得夺冠会让我们成为达尔泽尔的英雄，永远的英雄。并非如此。没有庆祝游行，没有城市钥匙[2]，什么都没有。这足以说明在南方高中篮球与橄榄球之间的差别。赢得橄榄球的州冠军，你就是传奇。篮球只占据次要的地位，我们甚至得募捐才有钱买球衣、球鞋

1　阻区，指三秒区边缘、两侧靠近篮筐的位置，亦即抢罚球篮板时最接近篮下的球员所在的位置处。——译注

2　在美国，将城市钥匙授予市民或访客是一种荣誉，相当于授予其“荣誉市民”称号。——译注

和去客场的路费。

但我不觉得苦涩。非要说的话，我很感激自己在南卡罗来纳的这些年——我在这里找到了过去不知道自己是否具备的勇气，当然，还有我深爱的女人，以及我们将一起抚养的女儿。

在加利福尼亚，我很少犯错，但在南卡罗来纳，我意识到始终有人在考验我，而题目就是：我究竟会成为别人希望我成为的样子，一个失败者，还是我自己希望成为的样子，一个胜利者，无论场上场下？这是我们所有人都要面对的挑战：战胜一切来自他人和自己的质疑。

在南卡罗来纳，我产生了永久性的变化。变得更好了。

4 孩子，到北方去

GO NORTH, YOUNG MAN

高三那年，一开始收到的招募信基本上来自南方的小学校：弗曼大学、自由大学、摩斯大学、温斯洛普大学、东卡罗来纳大学、坎贝尔大学、北卡罗来纳州立大学夏洛特分校、东田纳西州立大学。

每封信打开时我都很兴奋，无论学校是大是小，有名没名。只要高四那年没病没灾，我就可以读大学了，这对我来说可不是什么理所当然的事情。我在高中的大部分玩伴都愿意付出一切来换取这么一封信。

上大学还意味着，我现在可以想象自己的NBA生涯了。当然，这个念头在我脑海——好吧，是脑海深处——埋藏了许多年，可以追溯到在电视上看到迈克尔·乔丹对阵尼克斯的那天起，但这始终更接近于幻想，而非现实。想想看吧：从来没有一个来自南卡罗来纳州达尔泽尔的人进入 NBA。凭什么小沃尔特·雷·阿伦，一个空军技工的儿子，会有不同?

一路下来的每一个阶段，我都在拼命地超越自己。我一直坚信，如果你过多地关注下一个级别的事情，你就很难在当前的级别获得成功。在你自己所处的位置上做到最好，剩下的自然会水到渠成。

在寄信来的学校里，我最感兴趣的是北卡罗来纳州立大学夏洛特分校 49 人队，他们看起来比其他球队对我更有兴趣。但他们不算是顶级的球队，怎么办？没关系，49 人队有机会对阵许多强大的球队，这可以给我想要的曝光度，而且，毫无疑问，如果我在这些比赛中表现优异，就可以登陆 NBA。塞德里克·马克斯维尔就是这么做的，他后来在 20 世纪 70 年代到 80 年代为波士顿凯尔特人效力。

我同样喜欢夏洛特这座城市。足够远，离家大概 160 公里，能让我觉得自己是独立的，同时又足够近，方便朋友和家人们来玩。我当时很相信自己会去那儿上学。

另一方面，我根本没有期待会收到大学校的来信。这在达尔泽尔没有先例。橄榄球，有过。篮球，没有。

我错了。

过了不久，我就收到了主流学校的来信，一封接着一封：威克森林大学、弗吉尼亚大学、南加州大学、维拉诺瓦大学等。这让我真的很激动。我把所有信件都放进一个大宝箱，那曾经是属于爸爸的东西，后来成了我的时间胶囊。我那时候就明白，未来的日子总会有起有落，但无论发生什么，我都拥有这个宝箱，帮助我记住人生中这些特殊的时刻。

我必须承认，有的做法太过热情。威克森林几乎每天都寄一封信，内容远不止于他们的篮球队。他们还寄来有关其他球队的文章，表示我将成为整个学校社群的一员。很快，我就不再理会他们的信了。

有的来信看上去像亲眼看过我打球的人写的，细节详尽，意见也很私人化。有的信则像出自教练办公室的秘书之手，甚至分不清是雷·阿伦还是雷·阿尔斯通。这让我想起那种，你懂的，向一群女生同时出击的男生。总会有一个答应的。

有些来信或电话的内容我已经记不得了，但有一通电话是我永生难忘的。

“你是个超牛的球员。”迪安·史密斯说。

没错，迪安·史密斯，北卡罗来纳的教练。在体育界，没有比他更受尊敬的人了。

“我想告诉你的是，我认为你会有一段了不起的生涯。”他继续说道，“我们没有招募你，因为球队已经有跟你同位置的人了。不然的话，我们一定会对你感兴趣的。祝你一切顺利。”

如果这不叫风度的话，我不知道什么才是。不过他还是不需要我。史密斯教练提到的“人”指的是杰里·斯塔克豪斯，他后来成了焦油踵队的明星球员。

进入高四，随着时间流逝，我必须把选择缩小到 5 个。这是美国全国大学体育协会（NCAA）所允许的正式到校访问的最大数量，而我是不会随随便便就把自己送去一个没有亲眼考察过的地方的。

我想放进最终名单的两所学校是克莱姆森大学和加州大学洛杉矶分校（UCLA）。我在去克莱姆森参加暑假训练营时爱上了那里。而在加利福尼亚的那些年，我早已成了金熊队的球迷。20 世纪六七十年代他们在约翰 · 伍登的带领下赢得了 10 次全国冠军，是最成功的大学篮球队。小时候，我上哪儿都戴着金熊队的蓝金色帽子并穿着他们的队服。

两所学校都没有进入最终名单。

克莱姆森出局的原因是老虎队有可能被禁赛，我不想冒险。UCLA 出局是因为他们显然不需要我的效劳。我从头到尾没有收到他们的信。

早些时候，另一个选项是弗吉尼亚大学。我对杰夫 · 琼斯教练印象深刻，他希望打出快节奏的风格。他们还是大西洋海岸联盟（ACC）的一员，跟北卡罗来纳和杜克同一赛区。ACC 能给你最大的曝光度。然而，有一天，我突然收到一封来信，称骑士队停止对我招募了，因为他们已经签下某个跟我风格类似的家伙。

我从来没有考虑的一所学校是南卡罗来纳大学。毫无疑问，我本应该郑重考虑他们的，但跟 UCLA 一样，没有任何来信或来电。这挺让人意外的，因为我是州内最好的球员之一。直到几个月后，教练才联系我，而这不过是因为没有招募到他们本来想要的球员，再加上本地舆论的压力。

太晚了。我已经做好了决定。最后的5所学校是阿拉巴马大学、威克森林大学、北卡罗来纳州立大学、肯塔基大学，还有康涅狄格大学。

高三那年，在我还没确定5所学校前，一个又一个教练来到我家，对我和妈妈说了许多该说的话。爸爸在韩国。妈妈并没有装作自己对篮球和教育领域无所不知，但她知道如何倾听，如何提出有价值的问题，这些同样非常重要。

爸爸在电话里给出了自己的建议，但相隔万里，他能做的不多。你必须判断各个教练到底有多真诚，而唯一的办法就是直视对方的眼睛。这就跟上门推销员是一样的。

我是否希望爸爸能在招募过程中发挥更大的作用？当然了。哪个青春期的男孩子在做一个可能改变人生轨迹的决定时不希望自己的爸爸能提供帮助？但与此同时，因为经常自己拿主意，我已经学会了独立并相信自己的直觉。我的直觉很少出错。

幸运的是，除了史密斯教练，山顶高中的一位橄榄球教练也提供了一些建议。

“你觉得我应该去哪所大学？”我问他。

“我不会告诉你你该去哪儿。”他回答说。

这很不一样，我心想。我之前问过的每个人都很快给出了自己的想法，然而他们在择校上远不如这位橄榄球教练懂得多。

然后他说了一句令人难忘的话：

“不管你要做什么，”他说，“记住，做决定的人是你。”

我知道，这听上去显而易见，但许多孩子都让别人——父母、女朋友、经纪人、教练等，唯独不是自己——做决定。

今天，我经常告诉孩子们，要听听你亲近的人的话。他们可能会考虑到你没注意到的东西。但一定要牢记，他们的目标并不等于你们自己的。你们才是那个要去上课、考试的人。你们才是那个要跟教练和队友相处的人。你们才是那个拿到学位或被退学的人。你们才是那个回首往事时感到自豪或悔恨的人。我见过许多高中时代的现象级球员，他们本来会在大学里成为明星，甚至进入 NBA。但他们选择了不适合自己的学校，继而沉寂无名。

1992 年 10 月，蒂拉出生后一周，我访问了第一所学校阿拉巴马大学。我在塔斯卡卢萨城待了两天，算得上我人生中最精彩的两天。

马文 · 奥兰治是负责接待我的人之一。这名大一控卫来自哥伦比亚市，曾是南卡罗来纳最强的高中球员。我之前不认识马文，但关于他的事情听了很多。看到一个跟我来自地球上同一片地方的人在这儿适应得那么好，我觉得阿拉巴马会是最适合我的学校。

第一个晚上，我去看了著名的“舞步秀”。在一个大礼堂，来自不同男女生联谊会的成员随着嘻哈乐的节奏起舞，每个人都在唱和。我突然意识到：这正是我从 12 岁那年看过电影《黑色学府》后就梦想的生活。我等不及要加入他们，一起狂欢作乐了。

第二天，我去看了橄榄球比赛。我当然要去看。在美国，没有一所学校的橄榄球比阿拉巴马的更盛大。球队教练保罗 · 威廉·“熊”·布莱恩特要比州长有名得多——连教皇也没得比。赤潮队像往常一样，48比7吊打了南卡罗来纳。

虽然玩得非常开心，旅途中发生的两件事情还是让我怀疑阿拉巴马究竟是不是最适合我的地方。

第一桩小插曲发生在到达那天的早上。我们在伯明翰稍事停留，准备跟另一位新生碰头，然后再去学校。我下了车，前往吃午饭的餐馆。就在这时，我跟一个卡车司机发生了眼神接触。他竖起了中指。*他不可能在对我发火，我心想，我什么错也没犯。*

我不需要犯什么错。我是黑人，他是白人，而我们位于阿拉巴马。这就是错。我走进餐馆，吃了顿很棒的午饭，没跟任何人提这事儿。我看不出有什么必要。他们也不能对那个司机做什么。我必须自己决定，我能不能在这样充斥着种族歧视的环境里待下去。显然这种环境不会马上改变。

另一件事发生在橄榄球比赛里。作为一名将得到奖学金的新生，我觉得自己会有一个不错的座位，说不定靠近场地中间。但我连座位都没有。整场比赛我都站在过道上。要么篮球队教练没有足够的话语权，要么他们觉得我还不够重要。不管怎样，我都担心自己要再一次进入一所篮球远远排在橄榄球之后的学校。

不过，我还是没有把阿拉巴马踢出局。事实上……

“你过得挺开心的，是吧？”在我即将回南卡罗来纳的时候，助理教练格雷格·波林斯基说道。

“是的，玩得挺开心的。”我承认。

“阿拉巴马是最适合你的地方。”波林斯基教练补充说。

接着，他运用所掌握到的我的家庭情况，做了总结陈词。他在这方面显然很专业。

“你要学会做出成熟的决定。”他对我说，“你有个女儿要照顾。你一定得告诉我，你喜欢来这里。”

我没有什么事情是一定告诉他的，我心想。

他就这么不停地说啊说，说我为什么一定要选择阿拉巴马。最后，我投降了。我不想让他失望。

不出所料，我回到达尔泽尔后，人们都告诉我说，我一定是疯了，才会那么轻率地做出决定。那个给过我好建议的橄榄球教练的话最精辟。

“你可能喜欢阿拉巴马，那里可能就是最适合你的地方。”他说，“但如果你都不去看看别的地方，你怎么能确定呢？”

没说完我就知道他说得对。我还可以拜访另外4所学校，我是我应该做的。忘了“不想让阿拉巴马教练失望”那回事儿吧。这是属于我的未来，不是他的。

他的表现令我失望。他之前试图利用抚养孩子的事情打动我，说我应该变得成熟。而现在，他说我很不成熟，因为我居然参观其他学校。他还提到，阿拉巴马同时在招募别的人，如果签约了——后来确实如此——就没位置留给我了。

妙招。但没见效。

“我必须这么做。”我告诉波林斯基教练，“如果出现你想要的人，就做你必须做的事吧。”

或许我不该那么刻薄。这个男人不过是想在一个竞争相当激烈的行业里取得成功。跟某些招生人员采用的卑劣伎俩相比，他的策略算是温和的了。

我同意稍稍让步：剩下的 4 所学校，我只会再参观其中 2 所：肯塔基和康涅狄格。这是个错误，我知道，但这再次说明我那时太年轻且太容易受人影响。

下一所是康涅狄格大学。康涅狄格？是什么促使我把这所学校列入最终名单？

大牌的教练？不。

光辉的历史？勉强吧。

大城市的环境？拜托。

那是什么？

得体，正直，诚实。

我还记得自己第一次听到这几个词的那一天。电话那头是助理教练豪伊 · 迪肯曼，他曾在杰克逊维尔的 AAU 锦标赛上看过我打球。当时他在我的名字旁边标了个“P”。“P”是“潜能”的缩写。

“我来自康大（UConn）。”迪肯曼教练在电话里说，“我对你很有兴趣，希望能招募你。”

我糊涂了。

“UConn？等等，那不是在阿拉斯加附近吗？”我说。

我没在开玩笑。我当时想的是，他是在育空地区给我打电话。我都不知道那儿的人还打篮球!

我和教练笑了一会儿，然后聊得很开心。我记不得他具体说了什么，但他尖锐的东北口音里有着某种让我觉得他值得信任的东西。他和康涅狄格的其他教练都不喜欢胡扯。多么新鲜啊。在别的招生人员那里我已经听得够多的了。举个例子，在阿拉巴马，他们说我会进入NBA。我感谢他们对我的信心，但没有人可以保证未来一定能迈上更高的台阶。

与此相反，康大的教练从来不提NBA。他们甚至没有对我的大一赛季许下任何承诺。

“我们会为你创造机会，达到你自己希望取得的成功。”他们解释说，“但这最终取决于你自己投入了多少。”

这正是我希望听到的话。埃比尼泽、肖空军基地、山顶高中、AAU，我过去的成功都来自自己的投入。如果在康大没能取得成功，至少我知道他们已经给过我机会。你不能要求更多了。

在跟迪肯森教练谈完话以后，我自己做了些研究。在那之前，我对康大几乎一无所知，仅有的一点了解也让我喜欢不上这所学校，因为1990年NCAA锦标赛东区半决赛，正是康大依靠泰特·乔治的神奇跳投压哨绝杀了我心爱的克莱姆森。我难过得要死。两天后，在东区决赛中，轮到康大自己心碎了，杜克的克里斯蒂安·莱特纳命中压哨跳投。天道好轮回，我当时心想。

我看得出，康大男篮是支正在崛起的球队，尽管他们还从未打进过NCAA最终四强，更不用说全国冠军了。自从吉姆·卡尔霍恩在

1986年上任主教练以来，哈士奇队在他治下总计118胜73负。这是相当让人尊敬的成绩，尤其是在竞争激烈的大东联盟打出来的。

不出意外，康涅狄格也对我做了些研究。卡尔霍恩教练来过我家，去山顶高中看了一场球。我敢说，那绝不是我最好的表现。我只拿了9分，但防住我的不是对面的球队，而是我自己的球队。为了让他们自己获得注意，同时减少我拿到奖学金的机会，我的队友都不给我传球。妈妈气得发疯。好消息是——对他们而言——她没有离开自己的座位。别忘了，她的绰号是“卡车”。我后来去安抚她：“妈妈，只要我足够好，就没有事情能阻碍我。”

我知道自己会在夏天的赛事里获得更多的机会，而且，就像前面说过的那样，比赛除了得分以外还有许多其他的东西。卡尔霍恩教练会注意到我在场上做的每一件事。他还是希望我加入他们球队的，我对此很有信心。

要是我能决定自己想要什么就好了。这取决于我去参观时会不会喜欢上那里。

结果证明，我爱这个地方。我喜欢康涅狄格州，喜欢斯托斯城，喜欢康大的校园，一切我都喜欢。

我到达学校的那个周末是典型的绚烂之秋，到处是五彩的树叶。周五，我去听了几节课，班上有不少球队成员。他们在球场外也玩在一起，这让我觉得很酷。我跟自己的高中队友从未产生这样的关系。别忘了，他们经常去参加学校舞会，而我更乐于待在家里。

周六，我又去看了场橄榄球比赛。的确，橄榄球在康涅狄格州斯托斯根本无法跟在亚拉巴马州塔斯卡卢萨相提并论。哈士奇队那个赛季 5 胜 6 负。但没关系。这次我有座位，就位于球场正中。回南卡罗来纳以后，我发现自己观赛的照片登上了斯托斯的校报。这还是在我没做出最终决定的情况下！

对我意义最重大的时刻发生在酒吧，我当时跟其他几个人在一起，这时响起了《乌利布利》的音乐。然后，一个黑人队员开始跟其他白人队友一起唱起来。我震惊于他居然知道歌词，而且并不抗拒，因为那可不是饶舌音乐。这看起来跟我在南卡罗来纳所习惯的种族间壁垒大不相同。这儿就是我想去的地方。

听起来很熟悉吧？没错。我去过阿拉巴马之后也是这么说的，即使有那个冲我竖中指的家伙，还在过道上看完了橄榄球赛。于是我有点担心：是不是看过每一所学校之后我都会这么觉得？

我明白，我一定要去肯塔基州列克星敦参观最后一所学校。虽然我喜欢康大，但还是要保险起见。

同时，肯塔基可不是一般的学校。阿道夫 · 鲁普曾率领野猫队在 20 世纪 40 年代和 50 年代赢下 4 次全国冠军。现在，在同样大名鼎鼎的里克 · 皮蒂诺教练率领下，一度因学业和招募违规被禁赛的肯塔基又迅速重返顶级球队行列。

我之前见过皮蒂诺教练，他当时到我家拜访。没有人比他更知道如何宣传自己和他的球队。他让我觉得自己很特别，很受重视。可惜的是，我在列克星敦并没有这样的感受，特别是与在斯托斯的待遇相比之下。

两个最突出的例子：

我跟球队的明星前锋贾马尔·马什伯恩及其他队员一起吃午饭。餐馆是皮蒂诺开的，那天他正好在，与几个朋友在一起，离我们仅隔几张桌子。太棒了，我心想，他会过来跟我们打声招呼，坐几分钟，我就可以了解更多信息，有助于我做决定。但他没有过来。他挥了挥手，仅此而已。我意识到，卡尔霍恩教练绝对不会这么无视我们。事实上，我在去斯托斯时还跟他一起吃了饭。

另一件事发生在第二天。我离开寝室，去训练场地。这时我看到皮蒂诺开车经过。他又一次挥了挥手，但没有停下来聊几句。从这两件类似的事情上，我得出了一致的结论：要选择去珍重你、希望你成为他们事业坚实组成部分的地方。无论求学还是求职，都是如此。

我不是有意冒犯皮蒂诺。他是大学篮球领域最好的教练之一。但对他而言，我不过是许许多多人中普普通通的一个。如果我去了肯塔基，那很棒，他肯定会找到办法让我发挥作用。但如果我没去，球队也不会有任何损失。他总能招募到全国最优秀的高中生，今年也不会例外。

不管怎样，我现在确定了：康涅狄格。

我的兴奋之情怎么夸张都不为过。我要去大东区打球了，过去我特别喜欢在电视上看那些史诗级的对决：乔治城大学、雪城大学、维拉诺瓦大学、圣约翰大学。在我看来，大东区才是最强的联盟，而非ACC或大十区。我还可以在纽约麦迪逊广场花园打球，篮球麦加之名可不是随随便便就来的。

纽约、费城、波士顿——我可以去参观这些大城市，而大城市意味着大舞台和大机遇。这是我在十年级到十一年级的那个夏天在华盛顿 AAU 赛事中学到的。如果能在大东区的比赛里展现自我，我就可以展望 NBA，而卡尔霍恩教练是最能帮助我对此进行筹划的那个人。看看他在 20 世纪 80 年代中期执教东北大学时为雷吉 · 刘易斯所做的工作吧。刘易斯——愿他安息——为波士顿凯尔特人效力了 6 个赛季。考虑到他来自一所那么不出名的学校，这实在算得上是一项成就。

此外，选择康涅狄格还让我可以享用两个世界各自的好处：既可以去大城市参加比赛，又可以在乡村里上学，远离那些导致许多年轻人不能实现梦想的花花诱惑。我想起高中时的那个队友所说的，在板凳席上坐 4 年，然后变成酒鬼回老家。我无法预测自己在康大的未来，但他对我的判断一定是错的。

康涅狄格的教练自始至终都很关心我，在意我这个人，而不只是篮球运动员的一面。迪肯曼教练知道我每个兄弟姐妹的名字，直到今天，他每年都会在蒂拉生日时给她发短信。另一位助教戴夫 · 莱陶后来向我打开心扉，说他多么地爱自己的家人。这些都是成熟人，他们也会帮助我成熟。

决定好之后，我开始把消息传出去。很长一段时间里，他们都不敢相信我说的话。

“康涅狄格，”他们说，“世界那么大，你为什么想不开要去*那里*？”

就算我说自己要去月球读书，估计他们也不会表现得更惊讶。我试图解释自己的理由，但都无法让他们满意。

几个月后，随着康涅狄格在声望远不及 NCAA 锦标赛的全国邀请赛（NIT）[1] 中首轮 88 比 90 不敌杰克逊州立——*杰克逊州立*——他们要求我重新做决定。

“康涅狄格烂透了。”他们说。

“等我去了，情况便会大有不同。”我这么说，我也真的这么想。

爸爸同样无法理解为什么我不选肯塔基，他从韩国打来电话表达了自己的不快。我听了心情很差。

“里克·皮蒂诺来我家的时候你不在。”我对他说，“教练说了什么，在寝室里坐着是什么感觉，这些你都不知道。他们真的会照顾好我吗？你觉得我应该去肯塔基，只不过是因为肯塔基这个名字。”

妈妈同样不大高兴。在招募早期，她曾对我说：“我不介意你去任何地方，只要不是康涅狄格。”

我不生她的气，也不生爸爸的气。她不过是个不希望儿子离家太远的妈妈。另一方面，在我看来，做父母的应当首先考虑的是怎样才对孩子最有利，不管他家的孩子想去打 NBA 还是在波士顿流行管弦乐团当个小提琴手。

罗莎琳德同样不希望我离得太远。我俩像往常一样亲密。我希望自己听起来不会太无情，但她的感受完全没有影响到我的决定。我必须做我认为对自己的未来最正确的事。此外，长远来看，不管去哪里，只要我做得越好，就能为她和蒂拉提供得越多。

---

1 曾经各个赛区的淘汰赛冠军才有资格参加 NCAA 锦标赛。各个赛区的常规赛冠军或淘汰赛亚军则会参加 NIT。随着 NCAA 锦标赛扩军，NIT 的影响力日趋衰弱。——译注

整个招募过程结束后，我有一种巨大的解脱感。几个月以来，每天都有人——陌生人、朋友、老师、家人——问我有没有准备好去哪里上大学。一定第一个告诉你，我总是这么保证。

现在我可以把注意力放到别的事情上了，比如说顺利度过高中的最后一年。目前为止，我成功地避开了所有可能导致我无法毕业、无法离开这里的潜在意外。但我还是无法停止担心。

直到最后一刻。毫不夸张。

毕业当天的早上，我和一个朋友到萨姆特市中心的礼堂参加排练仪式。他们告诉我，错过排练的话，你就不能跟你们届一起毕业了。因此，前一天晚上，我甚至专门跑到那儿附近住，睡在一个队友的姐姐家里。我们不希望有任何差池。

结果，你敢相信吗，我们在去礼堂的路上发生了车祸。是一位出生于1918年——不知道为什么我一直忘不掉这个数字——的老太太的责任，但我们不得不待在现场，填写警局报告，结果没能赶上排练。

在跟朋友一起等待警察放我们离开的时候，我内心生出了最深的恐惧：*这场车祸会不会使我上不了康涅狄格大学，使我不能有一段成功的人生？*

冷静一点，我告诉自己。*一个小车祸不会让你毕不了业的。*但这恰恰说明，如果对某件事无比渴望的话，你的脑子总会胡思乱想。不用说，我最后还是拿到了文凭。

夏天来了又去。我在南卡罗来纳的5年，感觉像50年，即将告一段落。我已经准备好要离开。

不过，如果不是这 5 年中经历的苦痛，我也不会成为今天的我。这指的不仅是努力成为一个成功的人，而非他人说我会成为的失败者，还跟其他更重要的事情有关。

当我刚到埃比尼泽的时候，其他黑人孩子批评我说话像白人，当时我认为这是我个人的问题。但后来，我意识到，错误不在于我，在于他们。如果当初相信了他们的话，我就会变成一个跟他们一样愤怒的人，度过愤怒的一生。

而现在，每当我又一次遭遇 30 年前曾遭遇过的敌意和冷漠——相信我，我经常会有这种遭遇——我还是会不爽，但我不再认为这是我个人的问题。

几年前，在康涅狄格一个我去过很多次的高尔夫球场，有个跟我不太熟的人对我说："你怎么会喜欢上这项白人的运动？"

我并不为此感到震惊。当我穿过街道，听到人们纷纷锁上车锁，只因为看到一个黑人出现在附近的时候，我同样不感到震惊。这种事情已经发生得太多，多得我都记不清。

有时候，人们会向我表达他们自认为是赞美的话："你的谈吐真棒""你的词汇量真是丰富"。

这种时候，我同样不感到震惊。我不会生气，而是试图发表一些观点。

"如果我是白人，你还会这么说吗？"我问他们。

绝大部分时候，他们都不会回答。不过，看看他们的表情，我明白他们会因为我的话而去进一步思考。

但那时候，我对这些完全不懂。我才刚刚开始接触这些即将落在一个年轻的黑人篮球运动员身上的挑战。

未来还多得是呢。

5 在斯托斯

WHAT WAS IN STORRS FOR ME

我很早就去了学校，比别人早一周左右。

我一直习惯如此。做第一个去察看新环境的人，这样，当别人还在找门道的时候，你已经轻车熟路了。

举例来说，康大的训练一般在3:00开始。我最晚不超过2:00就到。这让我有时间先针对性地练一会儿，有时一个人练，有时跟教练一起。我后来意识到，在必须到达前提前很长时间到达，可以体现出你的态度有多认真，而教练们也会注意到这一点。

去斯托斯也是如此。我迷路了好几次，但在这个过程中我逐渐搞清楚了方向，很快就变得像打出生起就住在这座校园里一样。我知道该去哪儿吃饭、去哪儿买东西、去哪儿上课。我决心不当那种典型的大一新生，上课第一天到处找不着路，把手里的地图看了一遍又一遍。

这不意味着我对自己即将开始的新生活没有丝毫的担忧。在告别我最亲近的女人——罗莎琳德、蒂拉、妈妈，以及我的姐妹金、塔莉莎和克里斯蒂——登上去哈特福德的飞机后，我第一次意识到，自己可能会很孤单。或许去那么远的地方上学真的不是个好主意。

幸运的是，助教莱陶在机场迎接我时——我口袋里只有200美元，所有衣服都装在一个垃圾袋里，因为买不起旅行箱——一切担忧都烟消云散。这让我想到有时候，我走上罚球线，害怕得不得了，担心自己投不进。可是，一旦球到了手里，我开始例行动作的时候，恐惧感就消失了。*我能搞定的*，我对自己说。

在校园的最初几周，有一天最令人难忘。那天没有任何不寻常的事情，真的，而这就是重点。我5:30醒来，锻炼一会儿，快速冲个澡，随后去吃早饭。接着，无来由地，我做了一件人生中从未做过的事情。我打上领带，穿上毛衣，冲出门，早早地来到教室。演讲课9:00开始。

“你为什么要穿正装？”旁边的女生问我。

“因为我准备好了。”我说。

课堂上有十来个跟我同样年纪的男生女生，每个人都有自己的人生旅途。这下，我终于相信了：*这不是做梦，雷。你是个大学生了。你掌控着自己的命运。*

为了这一刻，我付出许多的努力。我曾怀疑过自己能不能走到这里。如果我犯了什么大错，就像我在高中认识的一些人那样，或者发生了不可控的事情，都可能导致我的陨落。实际上，我家人就认识一个孩子，他曾是萨姆特最好的跑卫，也拿到了克莱姆森的奖学金，却在几个月后的车祸中丧生。

我不是阿伦家第一个上大学的人，姐姐金在前一年去了哥伦比亚市本尼迪克特学院。不过，我还是想到了这个国家历史上那些没有机会读大学的黑人，因而感到自己有责任最大限度地利用好这个机会。这意味着，除了在课堂上好好学习外，我还应该为了篮球付出自己的一切，因为正是篮球让我来到了这里。

教练说我从第一天起就要拼命努力，他们可不是说着玩的。在那之前，我没有真正练过球。我觉得这没多大必要。你只管上场比赛就行。但这样的日子已经结束了。

教练们喜欢让我们跑步。我是说，狠命地跑。相比之下，我在高中时参加的越野赛就像周末散步一般。最让人精疲力竭的路线要数墓地山——这条路穿过一块公墓——我们每周六都得跑一次。没人喜欢这个项目。毕竟没人脑子有病。首先是一段陡坡，1.6 公里后坡势变缓。然后你越跑，坡度越陡。教练们想要锻炼我们的意志，而不只是身体。

第一次看到墓地山的时候，我不觉得这有多难。一年前，我来参观学校，坐在卡尔霍恩教练的车里，看着他的球员们在跑。

*每个人都参加了，真是太棒了，*我当时心想。*这是一支真正的团队！*我不知道的是，这是强制参与的。

说到卡尔霍恩教练，你可以把他想象成战场上的将军。你能想象得出他在说："先生们，敌军就在前方。不是他们死，就是我们亡。而死亡，并不在我们的选项里。"

他知道如何抓住我们的注意力。训练开始前，我们的眼睛都紧盯着墙上的钟。因为3:30一到，球馆的门就会"砰"地打开，教练会拿着笔和战术板走进来，一分钟都不会晚。

"孩子们,我们今天有很多内容要做。"他会这么说。每一天都如此。

当他说这句话的时候，我们最好鼓掌，准备好付出一切，甚至更多。否则……

"你们不想待在这儿？"只要有一个人表现得不够有激情，他就会这么说，"线后站好。"

线后站好。这4个字是我们最怕的。

这4个字意味着另一项跑步练习，跟墓地山一样要命。我们称之为"28秒"，因为接下来的内容必须在28秒内完成。它还有个名字，叫作"自杀"。在28秒内，我们要从底线出发跑到罚球线，然后跑回底线。然后从底线跑到中场线，再折返回底线。

你还跟得上吧？

跑到对面半场的罚球线，再折返回来。然后跑到对面底线，最后，跑回最开始出发时的本方底线。

不超过28秒！

大部分队员都能完成，但这不足以让卡尔霍恩教练满意，我的天。要所有人都完成才行，不然所有人还得再来一遍。我们最大的麻烦来自身高2.01米的前锋埃里克·海沃德。埃里克其人，说得委婉一点，比较从容不迫。好吧，他就是慢。他绝对没法在 28 秒内完成。为了避免在球馆里一直跑到学期结束，我们经常得把他拽过线。

我们还是经常不能在 28 秒内完成，但这不是重点。我们成了一支队伍，而不再是 14 个各有安排的个体。同时，我们越是因为教练逼着跑步对他满腔怒火，我们相互之间就越紧密。很快，我们就意识到，自己要比想象中的更具潜力。卡尔霍恩教练跟史密斯教练很像，他想方设法确保我们不会放弃，虽说放弃是一件很容易的事。有时候，我会觉得他做得太过头了，但我什么也不说。每一天，在这块球场上，我都像在战场上，对手就是自己。放弃一次，我以后可能就会一次再一次地放弃。

如你所料，有几个人选择了放弃，最后转去其他学校。我看得出谁会走，因为他们会一直抱怨，而不是去做教练吩咐要做的事。他们会说，自己很有天赋，根本不用训练。

在卡尔霍恩教练手下，没门儿。

想要讨他欢心，那可不容易。你必须在训练中拼命，准时去上课，还要去自习室，然后，你猜怎么着，第二天再继续重复。

这让我想起自己的第一次训练。那天结束后，莱陶教练注意到了某件他不喜欢的事情。

“教练，”莱陶对卡尔霍恩教练说，“这个新生没出汗。他显然没有认真练。”

他是在搞我吗？我已经练得极其努力了。我之所以没出汗，是因为球馆里有空调，而我早已习惯了南方潮湿的天气。我练得如此认真，想喝水想得要死。但队友凯文·奥利阻止了我。

“别去碰水瓶。”凯文警告说，“你不能想喝水就喝水。如果能喝了，他会告诉你的。”

不管怎样，我不知道卡尔霍恩教练是如何回应莱陶教练所说的我汗出得不够多的。我飞快地跑离了球场，头也不回。

在场外，我前一年参观校园时注意到的球员之间的紧密联系是千真万确地存在的。这是离开加利福尼亚之后，我第一次成为某个群体的一部分，这对我而言意义重大。我愿意为新朋友们做任何事情。

比如说，大一那年，在学生活动大楼地下有场派对，许多橄榄球队员也在场。这不是什么好事儿。康大的橄榄球队员似乎总是很嫉妒篮球队员。我们有 14 个人，他们差不多有 50 人，而我们得到的关注要更多。我们之间发生了一点冲突，起因是——还能是什么呢——几个女孩子。作为成熟稳重的成年人，我们决定通过拳头平息冲突。我已经做好动手的准备了。一点不像从没打过架的样子。

但队友们不需要我的帮助。

“出去。”他们说，“回寝室去。”

“不，不要这样，我要跟你们一起。”我请求道。

他们的理由是：惹了麻烦是一回事，毕竟大家都知道我们并不总是很乖。但是，如果教练发现雷，一个向来名声不错的家伙，也卷进来了，他一定会让我们付出代价的。我当然不想要任何的特殊待遇，但后来，我心想：他们对我有着相当的敬意，我也应该尊重他们的做法。

另一方面，有一件事是我不会跟他们一块儿做的。

那就是喝酒。我有没有想过加入他们？肯定的。直到我看见他们第二天早上宿醉的样子。需要赞扬的一点是，他们从来没有因为我不参与而指责我。他们知道我是在对自己负责。如果我没能在篮球上取得成功，我希望原因是自己还不够好，而不是喝了太多酒。

我觉得自己足够好，尽管我还不是很确定。但很快我就找到了答案。赛季的第二场比赛，在夏洛茨维尔，对阵弗吉尼亚大学。弗吉尼亚，你还记得的话，就是来信说他们已经对招募我失去兴趣的那所学校。我盼望能让他们明白，他们究竟错过了什么。我家人也会从南卡罗来纳赶去观战，我不想让他们失望。

不过，无论我多么有动力，都丝毫不会影响卡尔霍恩教练的排兵布阵。他要赢下这场比赛，一场大战。骑士队排在全国第十二。我们排在榜单外。战胜他们，还是在他们主场，将向外界传递出一则讯息。

一则响亮而明确的讯息：康大 77，弗吉尼亚 36。

没有人想得到，我不知道是他们太差，还是我们太强。我们每个回合都在对他们施压，而他们很不适应。我作为替补得到 20 分，其他板凳球员也都表现不错，这是个可喜的迹象。那年第一场球，对阵陶森大学，我们赢了 40 分，但那是因为首发球员统治了比赛。你不能指望每场球都那样。板凳球员迟早要站出来。我看不出有任何理由说板凳球员对一支球队成功的贡献比不上先发五人。我待过的每支球队都是如此。

我们有个首发叫多伦 · 谢费尔，21 岁，大一，来自以色列。我永远不会忘记第一次见到多伦时的情形。我在球馆练习投篮，这时他走了进来。他身高 1.96 米，跟我一样，同为后卫。我瞬间想到：他们已经有我了。为什么还需要这家伙？我倒不觉得威胁，只想着证明自己。教练会让更好的球员首发，我很自信那个人就是我。

虽然结果不是我，但我并不在意。多伦让我们队变得更好了，这才是最重要的。他场均大概 12 分、5 个助攻，荣获大东区最佳新生奖。另一方面，我同样也有贡献，场均 12.6 分。我俩同时在场时，我们可以完美地契合。多伦会运球突破防守他的人，然后把球传给处于完美空位的我，这能给投篮带来巨大的帮助。

我始终不忘要努力训练，不过多一点提醒也不会是坏事。比如第一个月，有一次，我来到球馆，看到队里最强的球员唐耶尔 · 马歇尔在跟斯科特 · 伯勒尔练球，一个跳投接着一个跳投。我没法把目光从他们身上移开。他们一个球都没投丢。伯勒尔前一年刚离开学校，随后被夏洛特黄蜂队选中。

我如何能拥有这样的稳定性？当然，我知道答案。训练。训练。训练。

还有一次，我投了几个篮，有几个球是站定投的，有几个是跳投。助教卡尔 · 霍布斯就站在边上看。

他很快就看够了。

“小伙子，”他说，“你不能站定投篮而不跳起来，因为你会对上内线大个，会盖掉你的投篮。你必须每次都以相同的方式出手。”

霍布斯教练的话提供了巨大的帮助。从那时候起，我设法确保自己每次投篮都要起跳。我很少被盖了。

在夏洛茨维尔的大胜让我们排到全国第二十一位。我们配得上这个排名吗？现在下结论还太早。

不过，那天晚上，我搞明白了另一件重要的事。我知道了南卡罗来纳的人对我的看法，那是我一直以来想知道的。

“我以前都不知道你有那么厉害。”罗莎琳德一见到我就说。她马上改口道：“我是说，我以前知道你很厉害，但我以为你是在萨姆特、在南卡罗来纳很厉害，比那里的其他人要厉害。我以前不知道你会在这个级别表现得那么好。”

人们告诉她说，我 4 年后就会回老家，毕竟达尔泽尔从来没出过任何一个干出过任何名堂的人。她信了他们的话。我不生她的气，一点都不。另外，在这个时间点，我和罗莎琳德开始有了隔阂，虽然还没到正式分手的地步。这并不是因为我们不爱对方了，但距离那么远的异地恋维持起来实在很困难，特别是在当时那个年龄。在学校里，我每走 50 米就会遇见至少一个我希望能进一步了解的姑娘。要是我没在跟人谈恋爱就好了。

球队即将迎来又一场关键考验，客场对阵西顿霍尔大学。我很期待这场球，不过不是比赛本身。我感到兴奋的是去比赛的旅途。

我们的大巴驶出康涅狄格州，进入纽约州地界。啊，大苹果城，就跟我想象中一样神奇。我透过窗户往外望，不敢相信自己的眼睛。活生生的、呼吸着的纽约人在街头行走，我真想从车上下来，跟他们一同行走，聊上一会儿，想成为他们中的一员。

不过，还没等我反应过来，车子已经开过了乔治·华盛顿大桥，来到了新泽西州，西顿霍尔的所在地。在到达锡考克斯的酒店时，我还在不停地回望身后的天际线。还要再等等才能参观那座城市。

赛前热身时，我吓得要死。大东区，关键战，我期待的大舞台……就是现在！

不过，踏上球场的那一刻，所有的焦虑都消失了。这块场地跟别的没什么不同，而我的职责也没什么不同：找到空位，把球投进，拦住我防的人。任务完成。全场比分：康涅狄格 82，西顿霍尔 66。我得到 17 分，其中 13 分来自下半场。

12 月末，我们 7 胜 0 负，排名第十四。我怎么也想不明白，为什么这支球队前一年会那么挣扎。唯一说得通的解释是，球队今年的领袖——凯文·奥利、唐耶尔·马歇尔、唐尼·马歇尔（不是亲戚）——比去年更坚决。

“我们不会再失败了。”他们发誓说，“我们已经熟悉了该熟悉的内容，我们要在大学剩下的两年打出点名堂。”

接下来，我们要去夏威夷打一组假日比赛，进一步延续我们的连胜。我们的排名会更高。我们会享受那里的阳光。我们会……

摔个脸着地。

在击败得州大学阿灵顿分校之后，我们 76 比 85 不敌中部美国联盟的俄亥俄大学。唐尼在上半场还剩 7 分钟时被驱逐出场，这使我们陷入困境，但这不是借口。我们自己搞砸了，就那么简单——空位投篮不中，失误不断，争抢不如对方积极。

这么说不是在为我们开脱，但俄亥俄确实比人们所认为的要强得多。他们有一名相当不错的后卫，还有身高2.03米、体重113公斤的大前锋加里·特伦特，人称“中部美国联盟的奥尼尔”。这个绰号太准确了，他就是头野兽。我们做了一切所能做的，包括故意砍他，都没有效果。结果表明，这场失利正是我们所需要的。我们之前有点太过自信了。我印象里我们甚至都没有为对手准备球探报告。

第二天，在夏威夷，我们击败了田纳西理工大学，开启了又一波连胜。最终我们连胜10场，排名升至第五，直到2月初才输给雪城大学。10连胜中的7个对手都来自大东区，包括在花园战胜了圣约翰。这次，我终于有机会参观这座不夜城了。

其他队员也等不及要做些探索了——不过，我们必须先得到卡尔霍恩教练的指令。他把我们召集到酒店的房间。

“这是世界上最棒的城市，”教练对我们说，“这会是你们人生中最棒的体验。”

口袋装着60美元——每个人都有的客场比赛零花钱——我和唐尼、球队中锋特拉维斯·奈特及其他几个人去了时代广场。看着眼前涌动的人流，闪烁的霓虹灯，不夸张地说，我第一次感觉到这才叫活着。

然后，我们遇到一个你只会在纽约遇到的那种家伙。他布下一个骗局，你懂的，把小球藏在帽子底下。一看见我们这帮人——20岁不到，来自穷乡僻壤，慌张茫然如同被车头灯照到的小鹿——美元的标志立刻在他脑子里点亮了。

特别是他看到特拉维斯，一个白人老哥的时候。

“谁知道小球现在在哪儿？”他问。

特拉维斯上当了。

“我知道。”他说。

特拉维斯指了一指，球果然在他所说的那顶帽子下。他觉得自己很聪明。当然，这个家伙已经让大个子上钩了。他又移动了帽子的位置，然后问：

“这次你知道球在哪儿吗？”

特拉维斯毫不犹豫：“我知道。”

但是这次，在打开帽子之前，骗子告诉特拉维斯说，如果猜对了，他愿意拿出 60 美元。当然，如果猜错了，就得给他 60 美元。

“不，不，不，我不玩了。”特拉维斯坚持说。

但我们坚持继续——好吧，是唐尼一个人在坚持。他不知怎么说服特拉维斯打开钱包，然后迅速从中抽出 60 美元，拍在桌上。不用多说，那是特拉维斯见到 60 美元的最后一眼。显然，小球在另一顶帽子下。特拉维斯看上去快哭了。欢迎来到纽约城，少年们。

嘿，至少那天，特拉维斯和我们没有陷入什么真正的麻烦，并带着击败圣约翰的好心情离开了那里。我们此后一路肆虐，虽然在大东区半决赛中不敌普罗维登斯，但还是凭借 27 胜 4 负的战绩赢得了 NCAA 锦标赛东区 2 号种子的位置。全国冠军并不是天方夜谭了。

不过，疯狂 3 月[1]可完全没有犯错误的余地。在错误的时刻搞砸

1 NCAA 锦标赛在 3 月举办，影响力巨大，故有“疯狂 3 月”之称，又称“大舞会”。——译注

任何一件小事——一次失误，一次欠考虑的投篮选择，或者没能卡住对手的身位等——你可能就要回家了，不管你多么有天赋。

这种事情确实发生在我们身上。对阵佛罗里达大学的分区半决赛犹如一场战役。在比赛最后3.4秒时，我们获得了赢下比赛、继续前进的机会。唐耶尔，我们百发百中、有着NBA前景的王牌，要罚2个球，而比分是57平。几个月前，他曾创下NCAA的单场罚球纪录，20罚20中。只要他能罚进2个球，哪怕1个，我们只要确保对方不会来一个克里斯蒂安·莱特纳式的进球，就可以锁定一个精英八强的席位了。

唐耶尔第一罚不中，短吻鳄队叫了暂停。没关系。想让唐耶尔这样的关键先生手感冰凉，可没那么容易。

当然，他第二罚也没进，我们60比69在加时赛中告负。输球已经够难堪的了，但我们还得处理学校报纸上的一篇报道，报道称唐耶尔前一天晚上在椰林区——迈阿密一个高消费区——大开派对。哪怕报道说的是真的——我是说“哪怕——那也不会是他罚丢球的原因。我们的比赛第二天晚上10:00才开始。唐耶尔不过是没罚进，仅此而已。

无论如何，我没有让失利带来的情绪困扰自己太久。一想到教练对自己的事业是多么专注，我就十分确信，我们明年秋天归来时会变得更强。

虽然整个赛季都作为替补登场，我还是获得了足够的上场时间，最终成为队里的二号得分手，仅次于唐耶尔。训练中付出的努力给予了我回报。说到这点，必须好好感谢卡尔霍恩教练。不仅因为他日复一日地锻炼我们，更是因为有一天他对我说了一些让我受益匪浅的话。

当时我正跟几个队友离开球场。在经历了如往常一样漫长而令人疲惫的训练之后，我迫切地希望稍微放松一会儿。这时，教练叫住了我。

“你今天的命中率达到百分百了吗？”教练问。

什么，我今天什么？

“你今天的命中率达到百分百了吗？”

你要我说什么？是的，教练，我今天百发百中，我每天都百发百中。你居然没注意到这一点，这真的让我很生气。

不开玩笑了，他的意思我明白：如果我想成为一名特别的球员，不管是在大学还是在更高的层面上，我必须做出其他人不愿做出的牺牲。

“不，”我对他说，“我今天的命中率没有达到百分百。”

他咧嘴一笑，然后什么也没说。我跟队友们说待会儿再见，然后走回球馆，在球童的帮助下，又投了半小时的篮。从那天起，每天训练结束后，我都要加练投篮。

我是不是更想跟队友一起出去耍？毫无疑问。但我不希望未来某天回首往事的时候问自己：如果当初多花点时间加练，结果会如何？

举个例子，我大一时有个室友叫柯克·金，身高2.03米，来自路易斯安那州。他也大一，身体壮得像个橄榄球近端锋。刚进康涅狄格的时候，人们对他寄予了比我更高的期待。但每天晚上，我都待在寝室里，一个人休息或跟朋友玩，而他觉得有必要待在别的地方。由于把注意力转移到其他事情上，柯克最终没能进入NBA。或许他会时不时地问自己：*如果当初不那样的话，结果会如何？*我知道，要是换成我，肯定一辈子都会被这个问题所困扰的。

我带着球上课。带着球吃饭。带着球上床睡觉，这不是开玩笑。这个主意来自一部电影，影片里的跑卫拿不住球，所以他上哪儿都带着橄榄球，这样在比赛中就会对球更加适应。

这么做真的有用。我的控球技术提高了，因而获得了更好的出手机会。后一场比赛，对阵哈特福德大学，我砍下生涯新高的28分，20投11中。虽然对老师和同学来说这看起来很奇怪，但我在乎的是什么呢？这是我的使命。

大一结束的夏天，我参加了在圣路易斯举行的美国奥林匹克体育节[1]。我在揭幕战中得到28分，三分球7投4中，还有12个篮板。我第一次首发出场。我们最终获得银牌，我是赛事的得分王，打破了由沙奎尔·奥尼尔创造的纪录。这给了我巨大的激励。我相信，如果有需要，我有能力扛起球队前进。

不过，没有这个需要。至少暂时没有。虽然失去了唐耶尔——他跳过大三赛季，直接转为职业球员——但我们的阵容还是相当豪华，已经大三的凯文和唐尼都在阵中。不过，教练还是希望我能承担起更

1 全美最大的业余选手运动会，由美国奥委会组织，在每个非奥运年举办。后于1995年停办。——译注

多的得分任务，这也是我自己期待的挑战。

说到挑战，我们的第二场比赛就是。我们的对手是杜克蓝魔队。我们是不被看好的一方。他们是杜克。我们是康涅狄格。这么说就够了。

结果是康大 90 分，杜克 86 分。我得到全队最高的 26 分，凯文拿到 24 分。我们整场都始终保持着领先。

如果场外的事情能像球场上那么顺利就好了。

那场球在密歇根州奥本山宫殿球馆举行，日期是在周二。所以我们周一就从斯托斯出发，这意味着我会错过一场生物学考试。没问题。我回来后补考。

问题很大。

老师说，我不能补考，不管有什么理由。这场考试占了总成绩很大一部分，导致我这门课不及格。更糟糕的是，我还收到了学业观察的警告[1]。我从来没想过这种事情会落到我头上。在学习上我花了很大工夫。我倒不担心他们会收回我的奖学金，但我清楚自己现在会被严密地观察，要是我的分数不能提高，就有麻烦了。为保险起见，我把几门课安排到了夏天。

另一方面，对杜克的那场胜利并不是什么意外。之后的几个月，我们一场不败，排名升至全国第二。我们对自己很自豪，但也没有太

1 学业观察，指学生因为学业成绩欠佳，被转为试读状态，之后若无起色则会被强制退学。——译注

过激动。我从来没有听到哪个队友说，我们会成为自 1975/1976 赛季博比 · 奈特手下那支印第安纳大学队以来第一支全胜的球队。我们知道，我们可能会在任何一个时间点，输给任何一支队伍。

失利于 1 月到来，堪萨斯大学在堪萨斯城击溃了我们，88 比 59。他们半场就领先了 20 分，之后仍毫不懈怠。我们的投篮命中率跌到了骇人的 26%，而在防守端，我们的施压丝毫没有干扰到对方的节奏。

于是我们输了。每支球队都会输球。但不是每支球队都有吉姆 · 卡尔霍恩当教练，而吉姆 · 卡尔霍恩是我认识的最憎恶输球的人。

教练把那场失利视作对他个人的冒犯。对这个男人而言，一切事情（不仅是比赛）都意味着竞争。训练中，他会举行一对一的罚球比赛，先罚进 20 个球的人获胜。我希望赢得比赛的心情，怎么夸大都不为过。因为，如果我输了，教练就会让我到球场那一头，跟其他输掉的人待在一起。这种滋味可不好。只有胜者才能跟他待在一起。

如果这还不够伤自尊的话，还会有无情的嘲讽在等着你。教练是这方面的大师。

“我看你今天赢不了 KO（凯文 · 奥利），啊？”他会说，“跟其他人一块儿待在球场那头，这可不像你。你不应该输的嘛。”

他的目的是教育我们，要像他一样，把失利看成针对个人的事情。你猜怎么样？他成功了。

对我的队友们来说，输给堪萨斯之后的第一次训练简直要了命。我倒是很轻松地逃掉了：我扭伤了脚踝，所以不用训练，而是待在更衣室，听着教练朝球馆里的每个人大吼。我从来没有那么感谢过伤病。

严厉的爱产生了效果。我们最后10场比赛取得了8场胜利，最终战绩23胜3负，排名全国第一。虽然在大东区锦标赛决赛中不敌维拉诺瓦，但我们还是觉得自己有着不小的机会赢下即将开打的全国锦标赛。那才是最重要的“大舞会”。

然而，我们再一次铩羽而归，在八强赛中96比102不敌UCLA。不过那场球倒不像前一年输给佛罗里达那么令人心碎。金熊队最后获得了全国冠军，这也让心痛之情略有缓解。我个人没有什么好惭愧的。在那场截至当时我人生中最重要的比赛里，我得到了36分，上下半场各得18分。

之后几周，我听到传闻说，我应该放弃大学的后两年，参加NBA选秀大会。有一则流言称，只要我宣布参选，就一定能成为乐透秀[1]。无论他们说的是真是假，提前转为职业球员的想法从来没有出现在我脑海里，虽说那样可以挣到一大笔钱。我在大学待得很开心，一点不想离开学校的环境。毕竟不久之后，我就要在“真实的世界”里待上一辈子了。

此外，我还有很多东西需要学习。如果去了NBA，你最好马上准备好，不然就会发现自己一两年内就丢了工作。然后呢，怎么办？每次听说有预测最高二轮秀的球员宣布参选，我都会感到十分惊讶。想象一下，如果能在大学再多待一年，会对他们的球技，以及人生产生

1 未能打进季后赛的NBA球队会获得在当年选秀大会上优先选人的权利，并通过乐透抽签确定具体顺序。这些签位即称为乐透签，选中的球员称为乐透秀。——译注

多么大的改善。一旦离开学校，一切都得指望自己了。

一天下午，我跟一个队友在球馆里，他看起来热切地想要跟我一起训练。我们在练习跳投，这时，他女朋友出现了。

“亲爱的，我需要你开车送我去上班。”她对他说，“我们现在就出发，不然就迟到了。”

没有一丝的犹豫，他把球放在地板上，然后开始穿衣服。我不敢相信。

“老兄，这是你的工作。”我说，“你不能就这样走掉。”

既然我讲了这个故事，你们应该猜得到，他没有听我的话。所以，当他最后转去别的学校时，我并不感到惊讶。

那天，他走之后，我在球馆继续练了一小时左右。你看，仅是早到是不够的。你还得坚持把工作做完才行。

6 搭建舞台

SETTING THE STAGE

大二那年，有两段对我来说意义重大的关系在同一时期走到了尽头。

一段是和我的初恋罗莎琳德之间的关系。她说她想认识认识其他人。我明白她的感受。

在大学里，我几乎每天都会遇到那种想要征服世界的女人。罗莎琳德不一样。她满足于待在自己熟悉的地方。这没有错，唯一的问题是我对自己的未来有着与此不同的期待。很遗憾，蒂拉没办法跟自己的爸爸、妈妈一起生活，但她会拥有来自我和她妈妈无条件的爱与支持，而这是很多孩子都得不到的。

另一段是爸爸妈妈之间的关系。那天我在寝室，在得知他们起草离婚协议的消息后，我的第一反应是，差不多是时候了。他们已经花了很多年尝试修复两人之间曾经拥有过的东西——我说不好算不算爱情——他们不可能一直这么下去。我不站任何一边。爸爸不是个完美的人，妈妈也一样。

如果你觉得这些变化会对我的进步产生任何阻碍,就大错特错了。我的大三会是最艰难的一年，而我的态度是同样的强硬：冲我来吧!

我一度希望对方球队能专门为我布置防守战术。那样一来，我就必须对他们的防守策略予以回应，必须频繁地面对双人包夹，只有这样，我才能明白自己究竟是用什么打造的。如果我不能处理好大学赛场上的压力，我在职业篮球上的前景就不会太理想。

大二那年的我并没有这种待遇。我场均 21 分，但其他队伍并不会专门设计战术针对我，因为他们还要对付唐尼和多伦，他俩的场均得分也都是两位数。我主要是躲在暗处， NCAA 锦标赛也是如此。大三的情况则完全不一样了。

我知道自己必须更加专注于技能的提升。于是我搬出了寝室，住进校外的一间公寓。我很喜欢寝室生活，跟电影里演的一模一样，到处串门，侃大山——课程、朋友、音乐，想到什么聊什么。我住在四楼，整层楼都是男生宿舍，楼上和楼下则是女生。然而，随着我变得出名，串门聊天不再像大一、大二时那么简单了。同学们每天都求我在这个东西或那个玩意儿上签名。我很快就厌倦了。我需要自己的空间。

需要说明的是，我的空间不完全是我自己的。我还有个室友特拉维斯·奈特。你肯定记得特拉维斯。上次我们说到他的时候，他被骗了60美元，成为大苹果城又一个可怜的受害者。特拉维斯是个很棒的家伙，但他显然算不上世界上最爱干净的人，而我有洁癖。如果在打高尔夫的时候看到球道上有口香糖纸，我就会跑过去捡起来扔掉。虽然没有被正式确诊，但如果医生说我有轻度的强迫症，我一点儿也不会惊讶。

特拉维斯快把我逼疯了。他总是把用过的碗就那么放在水槽里。

“去洗碗。”我总是这么对他说，但他从来不听。“你下次再这样，”我向他保证，“我就把碗扔到你床上。”

有天晚上，他带了个心仪的姑娘回来，却发现一大堆碗出现在我保证过它们会出现的地方。特拉维斯倒没有生气，并且此后再也没有把没洗过的碗留在水槽里了。

我的天性是想跟所有人都友好相处，但我并不总能成功。

前一年夏天，我代表美国队参加了在日本举办的世界大学生运动会。那是一支了不起的球队，拥有蒂姆·邓肯、奥塞拉·哈林顿、查基·阿特金斯、奥斯汀·克罗希尔，他们后来都入选了NBA。哦，还有来自乔治城的阿伦·艾弗森（AI）。

AI和我之间没有任何矛盾，直到——真够奇怪的——我们夺得金牌的那天晚上。赛后，我们都想好好庆祝庆祝，其中数他最起劲。

“我们明早才走。”艾弗森告诉我们剩下的人，“所以今晚谁都不许睡。谁都不许睡。”

结果，是谁一回到宿舍就呼呼大睡了？你肯定猜得到。

我提议把花生酱和洗发露抹到艾弗森的手上和脸上。大家踊跃呼应。

然而艾弗森破坏了我们的计划，还没涂完他就醒了过来。他想报复回来。每个人都着了他的手，但轮到我时就不是这样了。很快，我和他滚在地上撕打了起来，拳来拳往。信不信由你，他当时是真的想要伤害我。

趁我不备，他抄起一个消防栓向我挥了过来。我堪堪躲开了。穆罕默德·阿里也会为这记躲闪而自豪的。

“你等着，我会报复你的。”艾弗森发誓说。

“老兄，”我说，“这不过是场恶作剧嘛。”但我没能说服他。

后来，我跟他之间有过许多场大战——但是在球场上。

人们可能会以为我俩相互憎恨对方，因为我们的比赛就是那么激烈。这是胡说八道。他想战胜我，我也想战胜他，这就是事情本应有的样子。

我的大三赛季有着跟前两年一样的开局。我们是全国最火热的球队。

第二场比赛，我们在加时赛中 95 比 101 不敌全国第十的艾奥瓦大学。之后，我们 34 分大胜全国第二十三的印第安纳，47 分大胜东北大学。2 月中旬，我们 24 胜 1 负，赛区内 14 胜 0 负。

接下来，在马里兰州兰多弗的资本中心，即将登场的是全国第三的康大和全国第十一的乔治城，以及，女士们先生们，阿伦·艾弗森。

当然，霍亚队跟我们一样，绝不是一支一人球队。他们拥有最顶尖的教练约翰·汤普森，身高接近2.13米，能把你吓得半死。他手下的球员也从他身上学到了这一点，特别是在防守端，从球场这头到那头一直追着你不放。跟卡尔霍恩教练一样，汤普森教练一定可以成为一名了不起的将军。那年他克制住了我们：乔治城77分，康涅狄格65分。他们靠着高压防守赢下了比赛，迫使我们出现了20次失误。在进攻端，则全靠艾弗森了：26分，加6次助攻。我18投只有5中，平赛季最低的13分。

不到一个月，我们再度面对乔治城，这次是大东区的决赛，在花园举行。赢球的一方，除了获得吹牛的权利，还可以士气高涨地进入几天后开打的“大舞会”。那场球我们的表现有所提升，半场仅落后4分。即便如此，在比赛还剩4分半钟时，霍亚队取得了11分的领先优势。我们需要一波爆发，而且要快。

说来就来，柯克·金爆发了。他投中2个球，再加2个罚球，把分差缩小至5分。数个回合后，他又用一记强势的扣篮将比分追至只差1分。霍亚队球员走上罚球线，罚丢了一加一[1]的第一球。我们抢下篮板球，比赛还剩44秒。

卡尔霍恩教练叫了暂停。聚商[2]时，他没有一秒钟的犹豫。“把

---

1 根据NCAA规则，球队半场犯规总数累积至6次之后，每次非投篮犯规，对方都会获得“一加一”的罚球机会：第一球罚进则继续罚第二球；罚不进则只有一罚，双方直接争抢篮板球。——译注

2 橄榄球术语，指暂停时的战术讨论和布置。——译注

球给雷。”他说。

我的第一反应：他信任我。他信任我，哪怕队里其他人，比如柯克，还有大一后卫里基·摩尔，这场球打得都比我好得多。我19投4中，目前连续14投全失。如果他把机会交给其他手感火热的家伙，绝对没有人会责怪他。

“雷，你绕掩护切出，然后会有很大的空间给你操作。”教练说。

既然他展现了对我的信心，我绝对不会让他和球队失望。

比赛还剩18秒，我接到里基的传球，转向右侧，朝着篮筐的方向突破。艾弗森顶着我，乔治城前锋杰尔姆·威廉姆斯也夹上来协防。有那么一瞬间，我想把球传给处于底角空位的队友鲁迪·约翰逊，但他把举起的手放了下去。

这下我有麻烦了——人飞在空中，失去平衡。于是，没有任何其他选项，我只能把球朝着篮筐随手一抛。球砸中篮圈，弹向篮板，然后，进了！

康涅狄格75分，乔治城74分。

比赛没有结束。还有14秒，对于艾弗森来说那如同永恒一样长。随便你怎么评价他难以捉摸的行为方式——大家都记得他大声咆哮“训练”的事情[1]——但我想不出有哪个球员比他更无所畏惧。身高只有1.83米（最多1.83米）的他需要证明许多事情，而每一年他都

1 在NBA的一次新闻发布会上，艾弗森对批评自己经常缺席训练的说法大声斥责，几分钟内连续说了14个“训练”。——译注

做到了。

但这次，谢天谢地，艾弗森投丢了罚球线附近的后仰跳投。威廉姆斯抢到了篮板，在距离篮筐仅仅几英尺的地方获得了绝佳的投篮机会。但他也没有投进。

比赛结束了。在最后4分半钟，我们打了霍亚队一个12比0。我们赢得了大东区的冠军。我们的下一个目标是最想要的全国冠军。作为东南分区的1号种子，我们充满了自信。

你们肯定不会相信我们前两轮是怎么打的。没错，我们战胜了科尔盖特和东密歇根，连续第三年进入甜蜜十六强，但如果我们不能提升自己的表现，我们就会再一次功败垂成。

我们离开了印第安纳波利斯，去往列克星敦——真叫人啼笑皆非。

想当初，我一度有望在鲁普竞技场打许多场比赛。现在，我们再赢两场，鲁普竞技场就会成为我订票去参加最终四强赛的地方。

首先，我们需要战胜5号种子密西西比州立大学斗牛犬队。这可没那么轻松。他们几周前刚刚在东南联盟（SEC）锦标赛决赛中击败了肯塔基。他们队里有4人平均得分上双，包括2.11米的中锋埃里克·丹皮尔，他后来在NBA闯荡了16年。

然而，他们的后卫达里尔·威尔逊才是干掉我们的那个人。他连续命中了5个三分球，全场7个三分球，得到27分，率领球队60比55取胜。我同样对球队伤害巨大，25投仅仅9中。最要命的一球发生在最后12秒，我投丢1个本来可以追平比分的三分球。我还投丢了仅有的2个罚球。

就像两年前输给佛罗里达一样，这场失利让人心碎。我们本应该拿下这场球，后来我经常问自己：我们真的想赢吗？你会觉得这是句废话。我们当然想赢。大概吧，但某种意义上，我们也有一点想要回家的意思。本来，在印第安纳和列克星敦的比赛之间，我们应该先回去一趟，但教练希望避免一切干扰，所以我们始终都待在外边。

我明白教练的想法，但有时候，你需要一点点奖励，那是我们本来回学校后可以获得的。这跟我们的赛场表现有关系吗？不好说，但我能告诉你的是，那场球结束后，大家的心情像赢了比赛一样开心，因为我们终于可以回斯托斯了。如果想夺得全国冠军，你就不能让注意力如此分散。

不管怎么说，在离开鲁普竞技场时，我脑子里并没有考虑未来的事情。但显然，史蒂芬·马布里——他所在的佐治亚理工即将对阵辛辛那提——已经在做着打算了。

“选秀大会见。”史蒂芬对我说。

但我还是跟其他人一样去上课。我是个学生运动员，不是运动员学生。至少计划如此。然而，每次我出现的时候，别的同学都会嬉笑着看着我。

“你怎么在这儿？”他们问。

见鬼，就连教练也感到奇怪。几周后，我终于问自己：*我为什么在这儿？*那时候，所有人都想知道我要转为职业球员，还是接着读大四。这让我回忆起了高中，当时所有人都在问我要去哪所大学。

对于很多人来说，这没什么疑问。*雷，你是大东区年度最佳球员。*

你是全国最好的后卫之一。你在选秀大会上会排在前五位。你这辈子都不用愁了。你为什么不去呢?

他们说的这些都没错。我想看看能不能找到一些支持我留下来的理由。

吉姆·卡尔霍恩没有任何犹豫就找出了几个理由。

“你还不想去。”教练对我说,“你会跟一大堆的成年人混在一起,干些鬼知道的事情。此外,在大学再待一年,你肯定可以继续进步。”

我很尊敬卡尔霍恩教练,十分感激他对我说过的话。每当我在提升自己表现的道路上出现哪怕一点点的偏差(“你今天的命中率达到百分百了吗”),他都会帮助我重回正途。如果没有他,之后的一切都不会发生。我丝毫不怀疑他这番话的正确性。你可以始终获得进步。

但另一方面,我的家人都希望我转为职业球员,只有妈妈说不管我做什么决定她都会为我开心。上帝保佑她。

时间飞逝。有时候,我感觉自己马上就可以宣布所做的决定了。有时候,我还是没想好。然后,突然有一天,我终于明确了答案,而促成这一结果的是一个最意想不到的人。那天我在校园里走着,正巧碰上了我之前的人类学课教授。他可不是选秀领域的专家。

“阿伦先生,你在为自己的未来做什么呢?”他问。

“我不知道。”我对他说。

“阿伦先生,看看你的周围。”他说道,“这所大学从 19 世纪起就在这里了。你离开后,它还会一直在这里。”

他就说了这么多,但这已足够了。很长一段时间里,我都担心人们会因为我追逐金钱甚于学位而鄙夷我，但他让我明白，如果我想获得一个学位的话，什么时候都可以。此外，人们总会对提前离开学校的黑人运动员打上标签，却没有一个白人运动员因为追求金钱受到批评。

结果，我没有找到足以说服我留下来的理由。我只有前进的理由。

离开康涅狄格并不是一件容易的事。3 年前我来到哈特福德机场的时候，只有一只装满衣服的垃圾袋和兜里的 200 美元，未来没有任何保证。如今，依靠自己投入的努力和从卡尔霍恩教练及其团队身上学到的东西，我即将闯荡世界，并有机会实现自己的梦想。不仅如此，他们还教会我如何做人，而不仅是篮球运动员。对此，我将终生感激不尽。

我跟大学队友之间的情谊是人生中最坚固的，直到今天也是如此。我们来自五湖四海，虽然来到这里之前各自取得过一些小小的成功，但还是有很多需要学习的。学习并不容易，我们每个人都有过想放弃的时候，而在这种时刻，我们总会陪伴和支持着对方。永远如此。

毫无疑问，我无比希望我们打进最终四强。我们显然有过这样的机会。如果唐耶尔对阵佛罗里达时能命中一个罚球。如果 UCLA 不是那么势不可当。如果我能投进对阵密西西比州立的那记三分球。教练曾告诉我们，想要夺冠，你必须有一点运气。我们没有。不过，虽然我本来有机会加入肯塔基或其他有着深厚历史的学校，随队进入最终四强，可是那样的话，我将不再拥有曾为康大效力所带来的满足感。我很欣慰自己曾经参与过一项伟大事业的建设。

1999年春天，我在佛罗里达州圣彼得斯堡纯果乐球场的观众席上，见证了哈士奇队77比74战胜杜克，夺得了他们四座全国冠军奖杯中的第一座。我知道，在那胜利的狂喜之中，有一部分是属于我和我的队友的。

选择加入康大，以及3年后选择离开康大，都是我一个人的决定。但是，一旦报名参加1996年NBA选秀大会，我就只能变得跟小时候一样，别人让我去哪儿就去哪儿。

除非有交易，否则将是下列4座城市之一：费城、多伦多、温哥华或密尔沃基，他们拥有前4个选择权。没有人觉得我会在此之后。

在6月26日的大日子之前，我拜访了以上每一座城市，参加球队的试训。在视频里看一名球员是一回事儿，亲眼看他打球是另一回事。做出正确选择的重要性怎么说都不为过。错误的选择会让一支球队沉沦数年，还会让总经理丢掉工作。

两场试训特别让人难忘：多伦多，因为那里没发生的事情；密尔沃基，因为那里发生的事情。

在多伦多，我遇见了活塞队前传奇后卫以赛亚·托马斯，他是猛龙队的小老板兼总经理。

“我想看你从这里跑到那里。”以赛亚指着场上大概二十七八米的地方说。悉听尊便，托马斯先生。

我跑到那里，等着接下来的指令。但没有进一步的指令。

“我不需要你做其他事情了。”他说，“我知道你能干什么。”

嗯，这让我相信自己显然不会被多伦多选中了。如果你想把一大笔钱投在某个所谓的未来希望上，你最好了解他技能的方方面面。NBA 可不会给你重来的机会。

如果你觉得多伦多的“试训”不同寻常，就等着听在密尔沃基发生什么了吧。

在我到达训练场后不久，球队总经理迈克 · 邓利维让我跟克里斯 · 罗宾逊——来自西肯塔基大学的后卫，雄鹿队考虑在第二轮选他——来一局单挑。

没问题。虽说单挑显然不是判断团队运动中一个球员个体价值的最公平的方法，但我觉得邓利维还是能从中看出一些其他训练项目中看不到的东西。克里斯还要赶飞机，所以我知道我们不会打太久。我们打得非常强硬。

克里斯离开之后，我以为邓利维会安排我进行一些更常规的项目。

我猜错了。

“我们来，我和你。”他说。

我和你？他疯了吗？迈克·邓利维在他的巅峰期是个不错的球员，只是他的巅峰期有点久远。他已经 42 岁了。他能从跟年龄只有自己一半的球员交手中看出什么东西，我对此毫无头绪。

不管他怎么想，我总不能拒绝他，不是吗？是的，我不记得比分了，别问我。

之后，我与球队老板、参议员赫布 · 科尔见了面。我们一见如故，不过在我离开的时候，我还是一直在思考邓利维到底在搞什么名堂。

不管怎么说，我的试训到此为止了。明尼苏达在最后 5 分钟邀请我去参加试训，但我拒绝了。我的家人已经到了纽约，准备参加在新泽西举行的选秀大会。此外，森林狼已经有了一名年轻的得分后卫 J.R. 赖德。他们不需要我。

有一支球队的确需要我——拥有 6 号签的波士顿凯尔特人。选秀大会前几小时，我待在酒店房间，这时来了一通电话，来自凯尔特人总裁“红头”奥尔巴克。“红头”等于凯尔特人。早在 20 世纪 50 年代初，他们还没赢得过总冠军时，他就已经在那里了。他说他们会选择我，只要我到时候还没被挑走。我惊呆了。

不管前方的命运如何，我都不需要等太久。我跟其他人一起，坐在大陆航空竞技场的小绿屋。我们的命运即将发生永久性的改变。

大约 7:30，在特纳（TNT）电视台的全国观众面前，斯特恩总裁走上讲台，开始逐一报出名字：

阿伦 · 艾弗森被 76 人队在第一位选中。毫不意外。你想让你们的球迷群体激动起来，你自然会选择这项运动中最激动人心的年轻球员。

马库斯 · 坎比，来自马萨诸塞大学的中锋，被多伦多在第二位选中。同样不让人意外。猛龙队需要一个大个子。我好奇的是以赛亚是怎样试训他的。

谢里夫 · 阿卜杜勒 - 拉希姆，来自加州大学的小前锋，被温哥华在第三位选中。一步好棋。谢里夫是个好球员。灰熊队从头至尾都极度认真。在他们那里试训时，他们看了我的垂直弹跳，以及卧推的重量，还安排我参加了一些敏捷性测试。据我所知，他们对每个人都是这么做的。

接下去的事情变得很有意思。我觉得雄鹿队会选我，尽管我在那里度过了奇怪的一天。当我听到总裁念出史蒂芬·马布里的时候，我脑子里想到的只能是：我的天！真不敢相信，我要成为一名凯尔特人了！明尼苏达的顺位在波士顿之前，但他们绝对不可能选我，特别是在我拒绝试训之后。

可是这样的话，我问自己，为什么 TNT 的摄影师都朝我冲过来了呢？

他们知道一些我不知道的事。

“1996 年 NBA 选秀大会第五顺位，”斯特恩看着卡片，念道，“明尼苏达森林狼队选择来自康涅狄格大学的雷·阿伦。”

什么？一定是有人给了他错误的卡片。这种事情会发生的。看看 2017 年的奥斯卡吧[1]。

卡片没有出错。我现在要去明尼苏达了，而且我还得装作对此很兴奋。我站起身，把蒂拉交给爸爸，戴上森林狼队的帽子，然后，穿着为这个场合专门购置的西服，走上舞台，与总裁握手，全程微笑。

还没缓过神来，我就已经在接受 TNT 克雷格·塞杰的采访了。

“明尼苏达是座很棒的城市。”我说道，显然指的是明尼阿波利斯，“他们有着很好的组织。我已经准备好了明年去那儿打球。”

1　2017 年奥斯卡颁奖典礼上，工作人员给错了信封，导致颁奖嘉宾错将《爱乐之城》宣布为最佳影片。在制片人发表获奖感言时，工作人员才宣布真正的获奖者为《月光男孩》。——译注

我是个很棒的演员，不是吗？

下一个采访我的是明尼苏达的电视记者。天哪，我还要保持这个幼稚的伪装多久？

当我在继续说着套话的时候，某个联盟官员打断了我们。“抱歉，我们得把他带走。”那人说。

我被重新带回舞台，然后得知自己和中锋安德鲁·朗一起被送到了雄鹿，用来交易马布里。我和史蒂芬在镜头前互换了帽子，然后选秀大会继续。后面还有不少人，比如科比·布莱恩特、史蒂夫·纳什、德里克·费舍尔和安托万·沃克。

你可能会觉得我松了一口气，难道不是吗，密尔沃基要远胜于——看在老天的分上——明尼苏达？但我没有。NBA 生涯刚开始 30 分钟，就已经有人不要我了。更糟糕的是，我发现，在密尔沃基布拉德利中心（雄鹿队的主场）观看选秀大会的球迷因为交易而发出嘘声。那里属于中西部地区，人们对大东区所知甚少。另一方面，他们对在 ACC 联盟打球的史蒂芬及其街球风格有着充分的了解。

一回到酒店，我就开始哭泣。我的家人不知道哪里出了问题。

“你不想庆祝吗？”他们问。

庆祝什么？庆祝被交易？庆祝被嘘？我人生最重要的一个夜晚，我却想不起上一次那么崩溃是什么时候。

我需要尽快离开这个鬼地方。我要出去兜兜风，但不是我一个人。我要载上一个前一天刚认识的人。

我第一次见到香农是在曼哈顿的全明星咖啡店，当时我在参加一个与选秀大会有关的派对。我从来没见过那么美的人。

我们的第一场谈话并没有聊得太久，但我很快发现她接下来要去的夜店跟我要去的是同一家——在爱情里，缘分总是扮演着重要的角色，不是吗？于是我请她为我留一支舞。她说她会的。

我喜欢关于她的一切，包括她对篮球的一无所知。

“明天我要去参加选秀大会了。”我告诉香农。

“我都不知道我们现在有战争在打。”她说。我发誓，她不是故意在说俏皮话。[1]

我们跳了舞，然后聊到很晚，直到我俩不得不离开：我要为属于自己的大日子做准备，她也一样。香农是一名歌手，是节奏布鲁斯乐队“阴影”的一员，她的第一支单曲——由摩城唱片制作——那天刚刚正式发行。多么巧合。我对她道了晚安，告诉她我第二天会给她打电话。

现在就是第二天。一走下新泽西的舞台，我马上找了一部电话。

“我现在就要见你。”我告诉她，“我不能没见到你就离开这座城市。”

我到香农的公寓接她上车。我们开到了新泽西城的栈桥，开始聊天——主要是我一个人在讲话，哀叹多于诉说。我说如果能被凯尔特人选中，该有多棒，结果却落到了密尔沃基。她表示同情，但只在某

1 英文中，“选秀”和“征兵”是同一个词。——译注

种程度上。

“你是不是可以实现自己的梦想了？”她问。是的。“赚很多钱？”是的。“照顾好你的家庭？”是的。

她不想再多听一个字了。

“振作点，温室里的花朵。”她说。

这是我喜欢香农的又一个地方。她总能很好地表达自己。

我们在一起的时间过得很快。把她送回公寓的时候，肯定有凌晨2:00了，说不定是3:00。

几小时之后，我将登上前往密尔沃基的航班。14岁那年，我在电视上看到了迈克尔·乔丹，想变得跟他一样。现在，我即将开始自己从14岁起就在梦想的未来了。

7 鹿开始的地方

THE BUCK STARTS HERE

康涅狄格斯托斯地处偏远？

你肯定没听说过威斯康星奥什科什，距离密尔沃基 145 公里，雄鹿队训练营的所在地。

我不该那么刻薄。我知道，有很多人会毫不犹豫地选择跟我互换位置，这毫无疑问。但我想表达的是，进入 NBA 并没有人们想象的那么完美。

酒店。训练。酒店。训练。你能想象得出来。

在奥什科什，我们就这样日复一日。训练营结束、赛季开始时，事情也没有变得有趣多少。至于人们口中所说的派对、豪车、名流，要是职业篮球运动员的生活确实如此的话，也是在别的城市，不是在密尔沃基。

有时候，我都感觉不到我们是联盟的一部分。我们在主场没有多少观众，在客场更没有什么“密尔沃基国度”为我们加油。绿湾包装工队主宰了这座城市以及整个州，而且20世纪90年代中期他们还经常会来密尔沃基打比赛。我感觉自己又回到了高中时代，橄榄球才是人们最为疯狂的体育项目。每次我和队友在去训练的途中遇到路人时，对话总是这样进行的：

“你们好高啊。你们一定打篮球吧。”

“当然啦。”

“你们是马凯特大学的吗？”

“不，我们是雄鹿队的球员。”

“哦，挺好。”

然后他们就走了，一点儿不感到激动。

在布拉德利中心的每场比赛结束后，我都会点一份比萨，然后回家去看《X档案》。我难道不懂得如何享受吗？可我还能干什么呢？

在客场，我们则是被笑话的对象：人们对密尔沃基的了解仅限于拉弗内和雪莉生活在那里。每次进场时，我们都会听到那部情景喜剧的主题曲。我很快就听烦了。

我在比赛里也没有获得多大乐趣。回想起来，这跟我在康大最初的日子并没有太大区别，我必须努力想办法适应。

但有一件非常重要的事情是很不一样的：在NBA，你全靠自己，而不像在大学，又要上课，又要跟兄弟们玩耍，有种种事情会让你的思绪远离正在经历的难关。今晚投篮手感很差？嘿，你都没空想这回事儿：还要准备明天的考试呢。

NBA要困难得多。我不懂体系。我不懂进攻。我不懂规则。防守？别提了。真的，我上哪儿去想办法搞定对面的得分机器，比如雷吉·米勒、米奇·里奇蒙德、德尔·库里——史蒂芬·库里的爸爸，还有那个芝加哥公牛队的23号？

见到迈克尔·乔丹本人的时候，我激动得不行。我在训练营察看雄鹿队季前赛赛程时，发现会有一场在芝加哥联合中心对阵公牛的比赛，从那时起就对此无比期待。这真的要发生了，我告诉自己。

那一夜实在是不可思议。我正在做拉伸，这时公牛队慢跑进入了球场，迈克尔是最后一个。第一件让我惊讶的事情是，他比我在电视上看到的要黑得多，像一道影子。我还没缓过神来，喇叭声已经响起，我发现自己跟他一起处在球场上，在等待跳球，而且……天哪，他在朝我走来！

“雷，”他一边说，一边伸出手，“欢迎来到NBA。”

“谢谢。”我说。

天哪，MJ知道我的名字。我后来才意识到，他，与其他对手一样，肯定看过赛前的球探报告。所以他当然知道我的名字。

至于那场比赛，如果没记错的话，我第一节拿到了9分。但随后，教练克里斯·福特让我在板凳席度过了剩余的比赛。我很沮丧。如果可以的话，我愿意打满48分钟。

克里斯试图让我始终记得自己在球队权力等级上的位置，总是管我叫“菜鸟”。他拥有许多教练都认同的那种老派心理：把年轻球员安排在适合他的位置上，提醒他他什么也不懂。

每个回合，他都会叫我“投篮”“突破”或“传球”。我唯一能想到的是：老哥，拜托你能不能让我自己完成自己的工作？仅仅是专注于对手并搞清楚我们自己的体系，这已经够难的了，更不要说每一秒钟还要听教练不知所云的大喊大叫。我最终领悟了，干脆直接走到球场另一头，远离他的纠缠。

这无法阻止他。

“去叫菜鸟。”他会跟我的队友说，然后又回到原来的样子。

相较于大声喊叫，我希望他能花更多的时间平静地指导我。这样你才能让自己的球员发挥出最大的潜能。无论是NBA，还是其他级别的赛事，都是如此。

公平地说，有几次，福特教练还是教了我一些东西，尽管他可能不是有意的。

比如有一次我的闹钟没有响——我搞错了上午和下午，导致我缺席了投篮训练。那天晚上对阵华盛顿奇才的比赛，他没有让我首发，这让我非常不安。在他看来，如果你缺席了训练，接下来就必须付出代价。我可以很自豪地说，在联盟的18年，我再也没有缺席过一次训练。

还有一次，我们输了球。我们最好的球员维恩·贝克相当不爽，迅速换好衣服就离开了更衣室，没有对记者说一个字。我本人对回答媒体提问也没有任何兴趣，于是想都没想就离开了。结果，克里斯让我好好想想。

“菜鸟，”他在听到记者的抱怨后，来跟我说，“你绝对不希望在联盟里有一个坏名声。你是个很善良、很好心的孩子，媒体会说你的好话，但反过来，他们也会说你的坏话。所以，每次输球，你必须足够男人地站出来，坦承自己的错误。你必须代表球队说话，如果你想成为领袖的话。”

从那时起，我再没有逃避过媒体的追问，不管当天的失利是多么让人痛苦——相信我，这种比赛可不少。

“我本来可以打得更好。”我会这么承认。或者：“我失误了太多次。”又或者：“我们并没有对手的那种紧迫感。”我说了什么并不重要，只要我说了就行。我开始明白，领袖，并不是得分最多的那个人。领袖是承受非难的那个人，尤其是责任其实并不在他的时候。我的很多队友都视自己为球队领袖。他们绝不可能成为领袖。一旦球队打得好，他们都很愿意接受赞扬，但球队陷入挣扎时，他们就消失了。

作为一名新秀，我倒不需要考虑承担这些责任。如果你还在想办法适应，自然不可能当什么领袖。在最初的几个月，香农给了我极大的帮助，她的率直成了我的依赖。她经常来密尔沃基看我，而我对能有她相伴的渴望远远超过你的想象。

“如果我向你求婚的话，你会说什么？”我问道。

“我们都还不大了解对方呢。”她回答道。

结果证明，我们的婚姻确实还早得很，而这对我俩都是好事。我们都有事业要打造。香农希望依靠自己的努力取得成功，这是我欣赏她的又一点。

我们球队同样也有值得欣赏的地方——我们有维恩，还有小前锋格伦·罗宾逊，他是1994年选秀大会的状元秀——但最终只有33胜49负，比公牛队少赢36场。天啊。卡尔霍恩教练教过我要憎恨失利，但直到进入NBA，我才真正明白了输球的滋味。最初几年我输得可真不少，并且始终无法习惯。球迷们也是如此。

毫无疑问，他们当然有权利发出嘘声，但有时候我觉得他们做得有点过头。不过后来我发现他们这么做是有原因的，因为有的球员并没有倾尽全力，夜夜如此。遗憾的是，这在NBA是常态，而不像在大学。在大学，比赛很少，所以每场球都是一桩大事。相反，在NBA，两支连败的球队在1月某个寒夜相遇，这显然不会是什么大事。

话虽如此，这并不是可以懈怠的借口。你是个职业运动员，领着数量惊人的一大笔工资，而且每天晚上都会有观众第一次——很有可能是人生中唯一一次——到现场看你。如果你没有付出自己的全部，对他们来说是不可原谅的。

场下，我也在慢慢适应新环境。我在维恩的家里借住了几个月。他就像我的大哥哥。我刚来的时候对这座城市一无所知：不知道上哪儿吃饭，上哪儿买东西，上哪儿看电影。什么都不知道。所以，不必找地方住，这让我少了一桩需要担心的事。等到搬出去自己住的时候，我已经做好充足的准备，这都要感谢维恩。

我在康涅狄格为妈妈买了一栋房子。她愿意为我做一切事情，我这么说指的不是那些妈妈们都愿意为孩子做的寻常事情。因此，看到她住进属于自己的家，而不是租来的公寓，这让我比什么都高兴。除此以外，第一年我花的钱不多。我开着租来的车，是当地一个代理商朋友借给我的，再加上经常下雪，我根本不用洗车。

虽然刚开始的几个月我一直在抱怨，但结果证明，密尔沃基就是最适合我的那个地方，与南卡罗来纳一样。还有斯托斯，也是如此。

我变得更成熟了，无论是作为球员还是作为个人。我不是说如果在其他地方就一定不会这样，但事实是，在密尔沃基，因为天气的缘故，再加上夜生活的匮乏，所以我没有想买一辆酷炫的车，或者花时间在夜店。那些玩意儿可没法帮我做好准备应对雷吉·米勒或迈克尔·乔丹。

那些玩意儿也没法帮助我回应媒体对我的评价。媒体说什么话都有可能，我还没打第一场比赛就发现了这一点。

《扣篮》杂志以被高度吹捧的1996届新秀作为封面——“无论准备好与否……他们来了”，预测称史蒂芬·马布里最有可能当选最佳新秀，谢里夫·阿卜杜勒－拉希姆最有可能场均突破20分。有道理。另一方面，我，则被认为最有可能“渐归沉寂”。

我知道“沉寂”这个词是什么意思，但为了确认，我还特意查了查词典，结果，老兄，我真的气炸了。是什么在操纵着他们写出这样的话？我懒得知道，但就像肯尼以及其他质疑过我的人一样，我绝不会忘记。后来的岁月里，我还是会跟他家的记者交谈，但我总要提醒他们我对那篇文章有多么愤怒。与以往一样，被这样贬低只会让我更有动力。我不相信事情会像他们说的那样。

在雄鹿的第二年，我们依然很挣扎。不过至少有一种感觉，未来一定会变好，因为境况已不可能更糟糕。

9月，我们在一笔三队交易中把维恩·贝克送去了西雅图。我很尊敬维恩，但他的离开意味着我将在进攻端扮演更重要的角色，就像唐耶尔·马歇尔离开康大入选NBA时一样。我的场均得分从13.4分增加到了19.5分，在队内仅次于格伦·罗宾逊的23.4分。

那个赛季，我还与福特教练有过一次难忘的对话。

“你没有一套例行程序。”他解释说，“你只是过来，随便做点什么，以为这就够了。你必须有一套既定程序，每天晚上都坚持这么做。你不能只是随便跑跑。”

他说得很对。我没有一套例行程序，因为我觉得自己不需要。大学里，教练会为你设计例行程序，日复一日地执行。有固定的时间开会、看电影、比赛、跟训练师一起做拉伸、列队上篮、上课、吃饭。我应该每件事都已经说到了。

一旦转为职业球员，事情就不是这样子了。除了训练、奔赴客场以及比赛本身，剩下的时间用来干什么都完全取决于你。听起来很棒，不是吗？

没错，只要你能聪明地安排时间。我做到了，而且在密尔沃基，我还有伙伴。

每天早上，两名后卫队友迈克尔·库里和埃利奥特·佩里，都会跟我在酒店碰头，一起吃早饭，三人轮流埋单。然后我们打车去球馆，大约在开场跳球前 3 小时抵达，趁大个子还没出现，先投一会儿篮。我不是针对大个子，但他们投篮总是在打铁，这会扰乱你的节奏。中距离，远距离，罚球，我们在外线一圈进行着练习，还有一个人专门抢篮板，然后传球给我们，使我们保持一致。

我很高兴有迈克尔和埃利奥特做伴。同样，在之后的生涯中，其他球员想跟我一起训练，我都会很高兴。只要他们愿意坚持。

经常会有队友问："雷，我能跟你一起练习投篮吗？"

"当然，"我告诉他们，"但你不能只今天来练，你必须每天都来。"这是因为一旦你加入我，你就成了我既定程序的一部分。如果你一天来，一天不来，那会让我发疯的。

迈克尔和埃利奥特都在 1999 年离开了雄鹿。但我仍然坚持着自己的例行程序，直到 2014 年的最后一场比赛。

有时候，队友们不知道我为什么要额外付出这些努力，其实没有什么秘密。既然你非常幸运地成为一名职业运动员，你就有必要珍惜这样的机会，努力为自己付出一切，直到时间老人——你唯一无法阻止的敌人——将你击败。我想到自己的爸爸，他本来有机会在生涯中晋升得更高，而我对自己承诺过，要尽自己所能地去努力。

很多球员并没有许下这样的承诺，不过是因为他们不想在生涯剩下的时间继续保持同样的高标准。我明白。无数个早晨，我在寒气逼人、下着大雪的密尔沃基醒来，背部还在因前晚的比赛隐隐作痛。我问自己：为什么不给自己放个假，就这一次，在床上再多躺一小时？这有什么关系？没有人会知道的。

但我自己知道。如果我漏掉这一次，我可能会漏掉下一次，再下一次，而很快我就会发现，第四节比赛，当队友最需要我的时候，我腿上本应有的力气却不见了。投丢一个罚球或者一记跳投，原因可能只是，呃，你没投进；这种事情很正常。如果再投丢一次，就是因为你没有努力训练。这种事情绝对不应该发生。

每次锻炼 30 分钟，我都感觉重获新生。因此，等到比赛开始，其他人都在担心能不能投进球，有没有体力打完全场的时候，我却无比轻松。听起来或许很奇怪，我已经打过比赛了。

不过，这并不意味着我可以自动获胜——防守你的同样是职业球员，有尊严也有天赋——但如果我输球，绝不是因为准备不足。

一次，有记者问我："你打了一场糟糕的比赛。你准备如何回应？"

"我并没有打得很糟糕，"我说，"只不过是球没能进筐而已。"

糟糕的比赛不一定是你 15 投 3 中，或传丢了几个球，因为你还可以在其他方面为球队做贡献。

糟糕的比赛是你没有做好准备，缺乏能量，然后投得很偏，失误不断。

同理，一场好球也不一定是 15 投 11 中。电视上的"专家"会大肆称赞某位得到高分的球员，但他有没有在防守端协防？有没有在进攻中在正确的时间选择正确的出手机会？他有没有激发出队友的潜力？

这么说不是在贬低投篮的重要性。我对投篮的关注要远超你的想象。我做梦都在投篮。顺便说一下，在那些梦里，我总是投1000次也中不了1次，而这意味着早上起床后我要比平常更早地赶去球馆或实验室（这是我的叫法）。关键在于要把消极的想法从脑海里赶出去，越快越好。一旦开始训练，看着球落入篮网，我就会放松下来，知道自己没问题。至少下一场球没问题。

为比赛做好准备，这并不仅限于练习投篮，或者在跑步机上运动，你还要保持良好的睡眠和饮食习惯。

你骗得了自己，但骗不了你的身体。你的身体知道你吃了什么，睡了多久。当然，你或许可以侥幸逃脱它对你的惩罚，逃个一场、两场，甚至一个赛季，如果你运气好的话。但到头来，惩罚还是会到来。对每个人都一样，包括那些有着辉煌生涯，甚至接近名人堂的球员。

一旦对位的球员没有做好准备，我都看得出来。我会加速——我称之为稀薄空气状态——此时，他们因从场地一边追逐到另一边而变得精疲力竭。此外，因为坚持固定程序，在进入联盟几年之后，我知道自己在第四节的每一记投篮都有很大的机会命中。你不能再多要求什么了。

无论是篮球还是别的什么，人们很容易找到借口，却忽视了一个事实：通向伟大的潜力总是在你自己的掌控之中。有数不清的球员说要跟我一起训练，到最后却在抱怨闹钟没响，或者路上堵车。我听都不想听。你应该知道这个时候路上会堵车。下次要早点出发。因为，说到底，你要么来训练了，要么没来。

经常会有人说："上帝赐予了你这项天赋，可惜他没有眷顾我。"那听上去就像一记耳光。我告诉他们，我的天赋是日复一日地投入努力。我可不是拿着上帝交到我手上的篮球长大的。上帝才不管我投得准不准。那不是上帝为我所准备的。上帝所希望的是我能尽自己所能努力练习，来让自己以及身边的人都变得更好。这也是上帝对我们所有人的期待。

人们会说谁得到了上帝的青睐，谁没有，用这些话为自己开脱：*我为什么要更加努力地训练？反正不会给我带来任何好处。*我甚至听到一些 NBA 球员也这么说。所以我并不为他们在一两年内就被联盟淘汰感到惊讶。

话说回来，我也见过练习得极度认真的家伙，而这正是他们能在联盟坚持好多年的原因。一个典型的例子是本·华莱士，这个矮个子中锋在 21 世纪初头几年为活塞队效力。本算不上什么进攻威胁，但是他每个晚上都百分百地付出，终于成了这项运动中最顶尖的防守球员之一。他接受了自己的职责：保护好篮板，然后把球交给负责组织的队友。也难怪他赢得了同时代球员的尊敬，以及 2004 年的总冠军戒指。

有时候，我来得太早，更衣室门都没开。我必须找到保安，让他去找球童，拿着钥匙来开门。我不在意这有多麻烦。

一次，在芝加哥，因为装载训练装备的大巴还没到达，所以我必须等上一会儿。更衣室管理员给我提了个建议。

“迈克尔·乔丹在里面。”他说，“说不定你可以借他的用用。他有无数件。”

“真的吗？”

“当然，但你得先问他。”

我不知谁给我的勇气，尽管我估计他会拒绝，我绝对不会怪他的。毕竟，据我所知，我是他对手球队的球员。

我大错特错。迈克尔表现得简直不能更优雅，打开了一间房间，里面装满了球鞋。管理员说得一点都不夸张。至少有200双，说不定有300双。滑稽的是，那时候我已经进入联盟一年了，但还是很惊讶他竟然知道我是谁。

有时候，如果我知道对方球队要进行投篮练习，我就会再早一点儿过去，但并不是每次都那么顺利。虽然我完全有权利进去，但是没用。他们对待我的方式就像对待一个街上来的孩子，而不是NBA球员。

“嘿，你不能进去。”有一次，对方球队的工作人员对我说，“我们马上要训练了。”

“我会待个20分钟，然后就走。”我恳求道。

他不答应。

还有一次，当时我效力于热火，我们要在密尔沃基打一场季后赛。虽然球场上一个人也没有，雄鹿的工作人员还是把我和几名队友赶了出去。在跟他争辩的时候，我突然想到：为什么球场上没有一个他们的球员在为这么重要的比赛做准备？

没有什么比独自练习更让我感到自在的了。这让我有时间思考。忘了我们今晚要对阵的球队，忘了我要防守的球员——这些事情待会儿再想——我只需要思考自己的例行程序：

腿上发的力够吗？我还应该再多投一些吗？要再多跑一些吗？有没有漏了什么事情？

等到队友们纷纷出现，开始投篮练习时，我已经做好了准备，不再需要关注自己，而可以把注意力放在他们身上了。不管是什么运动项目，任何一支团队的成功，都取决于各个队员相互帮助的程度。

1997/1998 赛季开始时，我们都很期待特雷尔 · 布兰登即将带给我们的帮助。这名全明星控卫是我们在维恩 · 贝克的交易中从克利夫兰换来的。他没有让我们失望。

上赛季，我们在助攻上排在联盟倒数。有了特雷尔寻找空位队友的技艺，我们在这方面大为改善。不过，我们最终只比去年多赢了 3 场球——很大程度上是因为特雷尔在 2 月初扭伤了脚踝，只打了不到 50 场球。如果特雷尔没有受伤，我们说不定能打进季后赛。3 月初，我们的战绩一度是值得尊敬的 29 胜 29 负，但随后遭遇了九连败。雪上加霜的是，我们的头号得分手格伦和头号篮板手蒂龙 · 希尔——同样来自贝克的交易——都缺席了不少的比赛。

不管怎样，总要有人滚蛋。最终，滚蛋的那个人是——跟常见的情况一样——我们的教练。

我为克里斯感到遗憾，尽管他一开始对我相当严苛。这支球队从

1991 年起就没有打进过季后赛，却想让他在两年内就扭转这一切。在听到这个消息后，我立刻想到，NBA 是真的冷酷无情。在那之前，我从来没有见过有谁被解雇过。

新教练将是乔治·卡尔，他几个月前刚跟西雅图超音速队分道扬镳。我在得知克里斯被解雇后，就希望能由他来担任主帅。

在他执教超音速的 6 个赛季里，超音速都赢下了至少 55 场比赛。在此期间，只有公牛队——在 1996 年总决赛中击败超音速夺冠——赢得更多。乔治显然跟老板巴里·阿克利和总经理沃利·沃克闹僵了。这又如何？老实说，教练和凌驾他之上的人要能一直和谐共存，那才是怪事呢。我非常希望乔治能来执教，于是飞去了华盛顿，向科尔参议员当面申明这么做的理由。

与参议员见面是件令人记忆深刻的事情，那是我第一次访问国会大楼。我和他从一开始就相处得很好。事实上，每次他回到密尔沃基，我们都会在市中心的酒店共进午餐。在球队的问题上，我对他百分之百地坦承，而他很欣赏这一点。

没错，他并非通晓这项运动一切微妙诀窍的专家，但几乎没有哪个老板是。作为一名精明的商人兼政治家，他身边遍布精英，并总能提出切中要害的问题。正因如此，联盟里其他球员总视他们的老板为敌人，而我对此一直觉得很奇怪，我从来没有那样看待科尔参议员。

我告诉他，如果我们真的想成为联盟的顶尖球队，乔治就是我们需要的教练。参议员没有说什么，不过我有种感觉，他们之前应该讨论过乔治。我很确信，如果我们不雇用他，也会有别的球队这么做的。

很快，他们签下了乔治，而我已经迫不及待要跟他共事了。可我不得不等。

1998年夏天，球员们和老板们再度开战，在此之前没有人回归球场。矛盾的核心是万能的美元，不然还能是因为什么？老板们希望提高他们在篮球相关收入（门票收入、转播权所得等）分成的比例，球员们则希望保持原定比例不变。

显然，具体而言，事情要复杂得多，总之，等到7月1日，事情还看不到明确的结果时，老板们强行开始了停摆。在舆论方面，他们打响了又一场战争，并不费吹灰之力地获胜。他们把我们塑造为坏人的形象，知道球迷们并不能分清罢工和停摆的区别[1]。有一天，我们来到球场，告诉人们我们已经做好了工作的准备，是老板们不让我们进去。

这起到了一定的效果。如果当时的社交媒体能像现在那么发达就好了。那样的话，我们就可以直接对球迷发声，而不需要依赖主流媒体。我很确定，这会给我们带来更多的支持。种族主义对此有影响吗？怎么可能没有！如果老板们——都是白人——想要更多的钱，他们就是“精明的”。如果球员们——绝大多数是黑人——想要更多的钱，他们就是“贪婪的”。看看这些用词你就明白了。

双方都坚持不肯让步，时间也从秋天转入了冬天，而我一直待在康涅狄格，跟大学队友唐尼·马歇尔和凯文·奥利一起训练，就像回

---

1 罢工指劳方停止工作。停摆指资方停止工作。——译注

到了旧日时光。

终于，1999 年 1 月，劳资双方达成了协议。赛季被缩减到了 50 场球，而且每支球队都被迫打许多背靠背靠背的比赛。这带来的疲倦怎么说也不为过，特别是对老球员而言。嘿，至少我们还有一个赛季呢。我那时已经回到密尔沃基，这里基本上还是老样子：孤独感、大雪，以及处于布雷特 · 法弗和包装工队阴影之下的雄鹿队。

但我们有了希望。乔治 · 卡尔时代——场上、场下的各路大戏绝对少不了——即将开始了。

无论你对这个男人怎么评价，但他绝不无聊。

8 耶稣与乔治

JESUS AND GEORGE

说起来，在乔治到来之前，我就已经对大戏很熟悉了。不过，我的这出大戏发生在电影里，而不是现实生活中。

故事始于 1997 年 1 月，当时我们在纽约对阵尼克斯。阿兰 · 休斯敦，联盟最好的得分后卫之一，在我的防守下打出了强势的上半场。绝大部分时间，我都可以完全无视坐在场边座席里观众的评价，但这次，传来了一个响亮而清晰的声音。

“你今天晚上在防守阿兰吗？”某个自作聪明的家伙大喊道。

声音来自电影导演斯派克 · 李，执导过《为所应为》《丛林热》，他是尼克斯的死忠球迷。即使从没看过他执导的电影，只要在电视上看过一场尼克斯的比赛，你就会知道我说的是谁。每次出现不利于尼克斯的争议判罚，镜头就会切到身穿球衣的斯派克，而他会比教练更暴躁地大骂裁判。

我一个字也没说。一旦你开始跟质疑者斗嘴——不管是在开玩笑与否——你就再也停不下来了。

几个月后，我们再次造访花园，斯派克试图吸引我的注意力，但我还是无视他。阿兰这次依然打得很不错，我估计斯派克想要再一次地给我难堪。

半场休息时，他终于朝我走了过来。

“我在拍一部电影，我想知道你有没有兴趣来纽约试镜。”他说。这可完全出乎我的意料。

我当然有兴趣，但我没有太兴奋。斯派克肯定向不少在花园打球的球员发出了试镜邀请。

4 月，在赛季结束后不久，我去了纽约，想要碰一碰运气。这是我们错过季后赛的唯一利好。如果我们进了季后赛，我就无法参加角色甄选会，那前前后后要花两周时间，甚至可能更久。斯派克不可能一直等着我。我又不是马龙 · 白兰度。

我要试镜的角色是耶稣 · 沙特尔斯沃思，一名现象级的高中篮球运动员，需要决定接受哪所大学的奖学金。这让你想起什么人了吗？

不过，耶稣的故事要复杂得多。他爸爸因为不小心杀死妻子而进了监狱，但现在他爸爸有了减刑的机会，只要耶稣选择加入监狱长的母校。

这一次，我没有做任何准备。没这个必要。我根本不知道这个叫耶稣的家伙应该是什么样的。所以我只是分别跟几位女演员念了念台词。我们尝试了一出恋爱场景——我们只念了台词，就这样，我发誓，然后我就走了。幸好我没打算放弃自己本来的工作。

我肯定表现得不错，因为斯派克让我几周后再来参加第二次试镜，然后是第三次。第三次时，他叫来丹泽尔 · 华盛顿——他已经签了合同，出演耶稣的爸爸——跟我对台词。那时候，我在联盟里待了一年，已经习惯与在各自领域取得杰出成就的人见面。

但跟丹泽尔见面很不一样。我相当惶恐。

湖人队的超级球迷丹泽尔，很快就让我放松了下来。他并没有表现出那种自己是大明星、其他人都是来为他服务的样子。我见过的很多人都有必要向他学习。我能感觉到自己跟他之间的化学反应，正如我跟斯派克一样。一两天之后，他打电话过来。

“你觉得自己愿意全身心地投入其中吗？”他问道。

好问题。从训练营开始起，连续 7 个月，我都在极其拼命地训练和比赛。我需要好好休息一下，无论是生理上，还是心理上。现在，我却要挑战另一项高难度的工作，而且这是我的第一次尝试。我的夏天都将花在这件事情上。

我把自己的想法跟香农分享。而她还是像往常一样一针见血。

“谁在意你的夏天？”她说，“你知道有多少人愿意把灵魂卖给魔鬼来换取一个参演斯派克 · 李的电影的机会吗？”

帮助我下定决心的是斯派克说他可以在纽约给我安排一间公寓，以及切尔西栈桥的一个球馆，我每天拍摄结束后都可以过去训练。他还说会让我有时间休息。用《教父》里白兰度的话说，这是我无法拒绝的条件。如果我拒绝了，我知道自己肯定会后悔一辈子。

《单挑》最终于1998年春天上映。这段经历我会永远珍视，不仅是因为有机会跟斯派克、丹泽尔及其他天赋卓越的艺术家共事，更因为这部电影给每一个走上人生道路的年轻人传达了这样的信息：你可以实现自己的目标，只要你始终做真正的自己。

我还发现，我可以表达自己的情绪。这不会带来什么问题，生活还是会继续。由于朝夕相处的父母都不善于表达他们的爱，而一起玩耍的孩子则总是明确表示我不属于他们的一分子，因此，我变成了掩饰个人情绪的专家。信不信由你，当时的我甚至无法向那些我关心的人开口说我想他们。直到我开始这部影片的拍摄，尝试让自己的角色打开心扉，我才意识到：我需要学会告诉别人我对他们的感受。

拯救我的是苏珊·巴特森，我的表演教练。我们每天都在一起工作，整整6周。

在剧本中，每当耶稣遇到一个人物角色时，苏珊都会让我把那个人跟我生活中认识的某个人进行比较。如果我要对丹泽尔发火，她就会让我回忆自己冲爸爸发火的经历。我感觉自己像在接受治疗。

“观众需要理解你的情绪和想法，希望这些东西能呈现在你的脸上。”苏珊解释说。

拍每一个场景前，我都要快速浏览一遍自己记下来的笔记。

我可以把耶稣要承担的责任跟我自己的经历联系起来，这很有帮助。他需要照顾妹妹，而当时的我和罗莎琳德（在妈妈的帮助下）需要照顾蒂拉。绝大部分这个年纪的孩子都无法想象为另一个人担负责任是一种怎样的体验。仅仅管好自己就已经够麻烦的了。

每天为拍摄做准备与为比赛做准备没什么不同。吃得正确，睡得充足，避免注意力的分散。当然，还要背熟你的台词！

在拍摄期间，我没有看过任何一段影片——他们圈内人称为“样片”，但斯派克看了，并且很喜欢我的表演。直到几个月后，在洛杉矶的一间放映室，我才第一次观看了成片。我一直都不喜欢在荧幕上看到自己，哪怕是《体育中心》播放的集锦也一样。这次观影照样让我感到不自在，不过斯派克的工作还是给我留下了深刻的印象。没有哪一个镜头让人觉得出戏。

现在回想起来，我记得自己当时觉得，耶稣的家庭太不和睦了，但随着年龄的增长，我的看法有了改变。队友们经常向我抱怨：“我的家庭实在是一团糟。”

“老兄，”我会告诉他们，“家家都有本难念的经。”

《单挑》还让我明白了，在自己的家庭中成为领袖的重要性。这不是说其他人都得永远顺从你。还有，当你表达某一立场时，你可以设置一些很难突破的障碍。如果你没有自己的态度，就会轻易地被人牵着鼻子走。

停摆终于结束了，我十分急迫地想重回球场。比平常有更多的休息时间，这确实是件可喜的事情，但一个 NBA 球员的生涯其实相当短暂，而我还有许多成就想要完成。这些话也适用乔治·卡尔。他是我所认识的这项运动（实际上，是一切领域）中要求最高的人。他甚至让吉姆·卡尔霍恩相形之下——恕我直言——显得有些懒散。

从第一天起，乔治就在强调一种我们此前从未见识过的整体性。每个人，从首发到板凳席的最后一个人，都有自己的责任。新秀们要在训练开始前先进行健身和举重。在我师从过的所有教练中，乔治是最强调让每个人都参与进攻的一位。这意味着球员们要保持 48 分钟的专注力，因为教练随时随地都可能给你叫一个战术。

乔治设计过一套战术，叫作“锤子”（Hammer），取自我们的替补前锋达文·汉姆。你在今天的 NBA 还能看到这个战术。达文在阻区接到球，向底线方向转身，然后把球传给对侧底角的我，出手三分。我会因为进球而得到赞誉，但这个战术其实是达文打成的。

“我叫到你的号码，”乔治告诉我们，“并不意味着轮到你去得分了，而意味着轮到你来为球队执行战术。”

每个战术都有一系列的变化，关键在于要在防守方轮转上来之前的一两秒内找出最佳选项。如果做不到这一点，你在这个回合得分的概率就会下降。

乔治教导我们如何观察整场比赛。我们在更衣室看录像时，他会详细地解释哪里我们做错了，哪里我们下次需要改进。这听上去很简单，我懂，但你不知道的是，有很多教练会逼着队员们看几小时的录像带，却不指出他们的错误。

乔治也不介意寻求其他专家的帮助，比如杰拉尔德·奥利弗，他在大陆篮球协会（CBA）——一个职业篮球小联盟——打球时认识的朋友。

我们称奥利弗为GO，他是个很棒的老派牛仔，也是我见过的最知道如何投篮的人之一。如果说加利福尼亚的两位教练和康大的卡尔·霍布斯相当于“投篮ABC”的本科课程，GO就是我的硕士导师。我在比赛前几小时一个人在球场上练习投篮时，他会坐在观众席的第二十排，甚至更远的地方，看着我。很多时候我都不知道他在那里。他教导我每次达到同一水平线——换句话说，当球离手时我的离地高度——的重要性。

一场又一场比赛，一个又一个赛季，我都尝试达到同一个水平线。我并不是每次都能成功。你的腿可能累了，你在第一节的精力可能无法维持到第四节。但幸运的是，在最关键时刻，我达到并保持这一水平线的次数要多于失败的次数，就像对阵马刺的第六场。

“让我告诉你一点事情，哥们儿。”GO不止一次地说，“我刚才没有看球进没进，但你今天晚上一定会发挥出色。我看了你的起跳，你从头到尾都保持着一致。”

更重要的是，我明白了在没有始终保持一致的时候，需要做出怎样的调整。

终于，GO再没有出现。他已经把他能教的一切都教给了我，现在轮到我把这些知识传授其他人了。

缩水的1998/1999赛季，我们开了个好头，前6场比赛取得5胜，其中3胜来自客场。

接下来，3月初，我们一波6连胜，包括在令人害怕的背靠背靠背中连胜公牛、尼克斯和超音速。我才23岁，不像一些老球员那样担心连续3个晚上比赛。再加上特雷尔的回归，我在场上得分不断。

我在谈判桌上也有得分。

作为NBA球员工会执行委员会的一员，我出席了停摆期间的每一场会议，从中学会了这项运动商业方面的许多东西。所以在我与参议员会面，寻求续约合同的时候，我并没有带经纪人。在新的劳资协议下，一名第三年球员的年薪有着最高限额。我为什么要再从中拿出4%的钱给经纪人呢?

当然，我还是需要一名律师帮我读读合同。我聘用了约翰尼·科克伦。你可能听说过这家伙，他参与了O.J.辛普森1995年二级谋杀罪的辩护。老兄，约翰尼真的很有一套。续约合同最终敲定为6年7090万美元。我从来不会为了金钱打球，但努力工作能获得一些回报和奖励，还是很不错的。

我们球队的努力也有了回报。自1996年我进入联盟开始，我们第一次把得分、篮板和防守正确地结合在一起。似乎没有任何东西需要改变。

但是，3月11日，我们在与新泽西和明尼苏达的三方交易中送走了特雷尔·布兰登、蒂龙·希尔和埃利奥特·佩里。

我们最大的收获是控球后卫萨姆·卡塞尔。虽然特雷尔很有天赋——1997年《体育画报》的一期封面文章曾将他称为NBA最好的控球后卫，但我猜测那对乔治来说还不够。他更喜欢那种热情似火、想要掌控一切的球员，就像他自己的性格。

萨姆——曾在20世纪90年代中期那支两连冠的休斯顿火箭队扮演关键角色——正是这种性格。他在跟乔治顶嘴时从不犹豫。不过我当时没有意识到的一点是，相较于自己手下的队员，乔治总是更钟情于联盟中其他球队的球员。

萨姆刚刚伤愈复出，需要一点时间恢复体形，但当他找回状态后，就帮助我们以28胜22负的成绩结束了赛季，名列东部联盟第七号种子。

我们要打季后赛了。终于。

很遗憾我们没能在季后赛坚持多久，三连败不敌印第安纳步行者，其中一场在加时赛的最后一秒被补篮绝杀。不管怎么说，仅是参加这种生死一线的关键比赛，就已经让我们学到很多了。密尔沃基的球迷们都对未来非常期待。

第二年，我们取得了42胜40负，在季后赛首轮再次遭遇印第安纳，并再次出局。

至少这一次我们没有让系列赛变得一边倒，打满了5场，最后一场仅以一分惜败。乔治相当沮丧。这合乎情理，因为当你投入那么多精力后，失败所带来的痛苦将远超你的想象。输给印第安纳并不丢人，他们最终打进了总决赛，2比4不敌湖人。步行者队阵中人才济济：里克·斯米茨、贾伦·罗斯、戴尔·戴维斯，还有这项运动的第一射手雷吉·米勒。

雷吉在我们系列赛的第五场砍下41分，18分来自最后一节，防守他对我来说犹如噩梦。他会绕着掩护奔跑，然后抓着你，把你甩往一个方向，自己则跑向另一个方向。我完全跟不住他。

有一次，在开场跳球前，我看着他的球鞋。跟我的鞋很像，唯一的区别是上面有他自己的名字。我觉得这简直太酷了。

“你怎么搞到这种鞋的？”我问。

“10年。”他说，指的是成功所需要经历的路程。

我懂了，雷吉。

2000年夏天，我还有另外一件事要准备。澳大利亚悉尼，我要代表国家参加奥运会。

我跟所有人一样，都是1992年那支有“魔术师”、迈克尔和拉里·伯德的原版“梦之队”的超级粉丝。我从来没有想象过自己也会成为其中一员，直到1996年亚特兰大奥运会那周。我当时在斯托斯的训练馆里，为自己进入联盟的新秀赛季做着准备，这时某个大学队友跟我说：“4年之后，你也可以参加奥运会。”

我在脑海里琢磨了一会儿，觉得这主意听起来很不错。但我同时想到，*先不要想得太远，我连一场NBA比赛都还没打呢！*

等到2000年，我成功入选了国家队。我所受到的鼓舞无以复加。

这是一支多么强大的球队：阿朗佐·莫宁、蒂姆·哈达威、贾森·基德、文斯·卡特、安东尼奥·麦克戴斯、加里·佩顿、谢里夫·阿卜杜勒－拉希姆、维恩·贝克、阿兰·休斯敦、史蒂夫·史密斯，还有我的南卡罗来纳哥们儿凯文·加内特。

正如1992年和1996年的那两支梦之队，人们预计我们会碾碎所有对手。不要让骄傲的立陶宛队球员听到这些话，他们也有自己的梦想。

在第三战中，我们仅仅以9分的优势击败了他们。我之所以说“仅仅”，是因为自1992年我们派出职业球员以来，美国队在奥运会上最少也赢了22分。我们甚至在比赛还剩18分钟落后过1分。这也是美国队第一次在下半场落后。

没有什么能跟我们在半决赛再次遭遇立陶宛队的经历相提并论。我从来没有体验过这样的压力，主教练鲁迪·汤姆贾诺维奇显然也是如此。比赛末段，相比于自己得分，我们更需要阻止对手的进攻。在我们的中锋莫宁被罚出场后，鲁迪打了个手势，换我上场。

蒂姆·哈达威控制不住了。“你干吗派上雷·阿伦？我们现在需要的是篮板。”他大喊道。谢天谢地，鲁迪承认了自己的错误，然后改换上了2.06米的麦克戴斯。

雪上加霜的是，似乎整个大陆都站在我们的对立面。在奥运会前跟澳大利亚国家队进行的热身赛上，文斯·卡特和他们的英雄安德鲁·盖兹上来就动起了手。在盖兹倒地的时候，他把文斯也拉了下去。文斯非常愤怒。他站起身，试图从盖兹身上跨过去，结果却不小心踩到了他。球迷们可不觉得他是不小心的。

从那时起，我们就变成了肮脏的美国人。他们冲我们发出嘘声，朝场地内扔垃圾……澳大利亚还是我们的盟友呢!

总之，对阵立陶宛第二场比赛的最后时刻，我们陷入了真正的麻烦。在落后 2 分的情况下，沙鲁纳斯 · 亚西科维丘斯——已经在我们头上砍下 27 分——在三分线外一步投出了一记三分球。球进了，我们就输了。让我重复一遍：我们就输了。

我不用说你也知道，球没进。那记投篮就是那么富于历史意义。

两天后，我们 85 比 75 战胜了法国队，夺得金牌，文斯和我各得了 13 分。我很珍惜那枚金牌，而且根本不敢想如果那球进了的话，我今天会是什么感受。

2000/2001 赛季是我的第五个赛季，我对此有相当高的期待。首先，我们找不到比萨姆 · 卡塞尔更能干的球场指挥官了。萨姆充满能量，他的嘴巴似乎永远在说个不停。他给我讲了一大堆的故事，逗得我哈哈大笑。他管我叫“雷亚伦”（RayAllen），好像我的姓和名是一个单词。你需要萨姆这样的家伙。NBA 赛季可能会非常折磨人，因此，你需要专注于想要达成的成就，但同时别忘了篮球本身是一种娱乐。

萨姆在联盟待的时间比我们其他人都要久，他知道如何保持冷静。我们以 3 胜 9 负开局，乔治气得无法自制。他向媒体抱怨，说我们是一群“被宠坏的小毛孩和身价百万的奶娃子”。

但萨姆知道，我们并不像战绩显示的那么糟糕：我们只不过是运气不好，在错误的时间点撞上了状态火热的球队而已。

“你需要冷静，”他对乔治说，“你在恐慌什么。赛季才刚刚开始。”

乔治认为他在记者面前发表的评论镇住了我们。并没有。他让我们生气了，生他的气，而你永远不希望球员们生教练的气。一旦走上这条路，就不一定能回头了。

萨姆是对的。我们并不像战绩显示的那么糟糕。11 月末到 12 月末，我们 17 战 13 胜。其中一场胜利是在洛杉矶，对阵沙克、科比和上届总冠军湖人队。我们的新秀中锋，身高 2.16 米的乔尔·普利兹比拉一点儿不害怕沙克。他一个人就防得沙克连连投失。有许多中锋在联盟打了好多年也做不到这一点。

我们才刚刚起步。

1 月，我们连赢 8 场，最终 52 胜 30 负，自 1986 年以来第一次获得赛区头名，排在东部第二，仅次于费城 76 人队。首轮 3 比 1 战胜奥兰多魔术，次轮 2 比 0 领先夏洛特黄蜂，分区决赛似乎触手可及。但黄蜂队捍卫了主场，将比分扳平，并在第五场 94 比 86 爆冷击败我们，取得了 3 比 2 的领先。现在轮到格伦、萨姆和我——所谓“三巨头”——拯救我们的赛季了。我们确实做到了，104 比 97 在夏洛特赢下第六场。萨姆拿到全队最高的 33 分和 11 次助攻，格伦再添 29 分，我也有 23 分。我们一鼓作气，104 比 95 拿下第七场。挥师费城。

我很激动，不仅因为我将再次对上艾弗森，我更为有机会冲击总冠军而激动，特别是考虑到我在康大期间最多只打到过精英八强。我高中时拿过冠军，但那只是 50 个州的一个州冠军。在当下这个级别上赢下总冠军，则意味着我们是全国最好的球队。

76 人队很有挑战性。除了联盟 MVP 艾弗森外，他们还拥有年度最佳防守球员迪肯贝 · 穆托姆博、年度最佳第六人阿龙 · 麦基，以及相当优秀的控球后卫埃里克 · 斯诺。

在费城，我们完成了既定计划，前两战一胜一负，偷走了对方的主场优势。但很不幸，我们在第四场又把主场优势拱手相让，以 6 分之差落败。我们本来有机会取得 3 比 1 的领先。

接下来第五场比赛，最后 13.9 秒，麦基连续罚丢了 2 个球，给我们留下了最后一次进攻的机会。76 人队 89 比 88 领先。

我们叫了暂停。

上一次跟艾弗森的球队交手并遇到这种局面时，卡尔霍恩教练选择信任我，我们赢下了比赛。

这一次，乔治给格伦画了个战术。这对全世界来说都合情合理，他是个现象级的得分手。

萨姆接到边线发球，稍加运球，然后传给格伦。在麦基的防守下，格伦巧妙地在底线找到一个不错的位置，在 3 米外出手。这种球他从未投丢。

这个球他投丢了。

我有机会碰到球，尝试补篮，但差得太远。比赛结束了。

谢天谢地，系列赛还没有结束。

两天后，我们在主场 110 比 100 赢下了第六场。我打出了生涯之夜：41 分，三分球 13 投 9 中，上半场一人打出了一波 17 比 0 的攻击波。大比分 3 比 3 战平，我们有信心在他们的主场拿下抢七战。

我们在那里赢过一场，自然有可能再赢一场。

然后，周六，我们收到了一条消息，改变了一切。

前一天的第六场比赛，在艾弗森突破禁区时，我们队的大前锋斯科特·威廉姆斯的肘子击中了他的下巴。

艾弗森摔倒在地。这是个凶狠的犯规，毫无疑问，但这不是什么肮脏的动作。斯科特只不过是想用手去拍艾弗森的屁股，但艾弗森的个子太矮，结果肘子击中了他的下巴。

干得好，斯科特，我们心想。让那个小个子明白，他别想那么容易地杀入禁区，然后毫发无伤地离开。另外，裁判们也不认为这个动作有什么问题，斯科特继续待在场上，为我们得到了关键的 12 分。他属于那种球员，每次跳投的时候，你都会大喊："别投，别投，别投……好球！"

但联盟却有着不一样的看法，第二天将这次犯规升级为"2 级恶意犯规"。划重点：联盟禁止斯科特参加第七战，因为他在季后赛已经累积了太多的犯规积分，这些分数来自对阵奥兰多和夏洛特时的恶意犯规。

刚抵达费城就得知了这一消息，我们都很愤怒。那个犯规并没有改变比赛的走向。艾弗森马上站了起来，还是那个让人头疼、充满破坏性的他。但 NBA 禁赛斯科特的做法却有很大概率改变整个系列赛的走向，而接下来的比赛很可能对球员的一生产生决定性的影响，无论是他们还是我们。

联盟为什么要这么做？

我有一个理论。我当时就提了出来，结果招致了很多批评，但今天我依然对此深信不疑：联盟之所以禁赛斯科特，是因为希望我们输球。

或者反过来说：联盟希望 76 人赢球。

想想吧。回到 2001 年 6 月，假设你在为 NBA 工作，问问你自己：哪支球队进入总决赛，与湖人队决战，会带来更高的收视率和更多的收入？是来自拥有辉煌历史、威尔特和 J 博士都曾为之效力的费城 76 人队的阿伦 · 艾弗森和他的队友？

还是来自“奶酪州”威斯康星的一群无名之辈？

需要指出的是，我从来不相信什么阴谋论，但这个除外。还要更多的证据？ 76 人队比我们多罚了 66 个球，每场几乎多 10 个，技术犯规比我们少 9 个。

我的辩护到此为止。

斯科特是个篮板好手，但更重要的是，他是我们情绪上的领袖。他不在板凳席上（如果被禁赛，你连球馆都不能进），所带来的损失丝毫不亚于他不能上场。

不管怎么说，我们要平息自己的怒气，尽快。抢七战就要开打，你不知道这样的机会以后还会不会再有。迈阿密海豚队的明星四分卫丹 · 马里诺 1985 年第一次参加超级碗时才 23 岁，他后来再也没打过超级碗。

我们一直紧咬着比分，半场时仅落后 6 分。然后，在第三节还剩大约 5 分钟时，我在突破时撞上了埃里克 · 斯诺，挫伤了左膝。我不得不退场。我们当时落后 7 分，等到第四节还剩 10 分钟我重新上场时，分差变成了 14 分。最终比分：76 人 108 分，雄鹿 91 分。

艾弗森狂砍 44 分，穆托姆博得到 23 分、19 个篮板、7 记盖帽。我不是说斯科特 · 威廉姆斯一定可以影响结果，但我当然很希望知道答案。费城在篮板球上 47 比 38 领先我们。

更衣室的情绪如你能想象到的那般低落。就连萨姆都没怎么说话。最遗憾的地方在于，我们在对阵湖人队的时候表现得非常好，常规赛两次战胜了他们。毫无疑问，我们会跟他们打出一轮更为胶着的系列赛，而 76 人则在首战取胜后连输 4 场。总决赛的比赛我一分钟都看不下去。本来应该是我们出现在那里。

过了几周，失望的情绪开始消解。我在更广阔的角度上重新审视了我们所取得的成就。未来简直不能更光明了。

31 岁的萨姆刚过巅峰期一点儿，格伦和我都 20 多岁，还有仅 24 岁的蒂姆 · 托马斯，正处于自我突破的界线上。然后是乔治 · 卡尔，NBA 最智慧、最富革新精神的教练之一，已经带领我们连续三年打入季后赛。他让我们变得相信自己，这可没有听起来那么容易。

事情怎么可能会出问题呢？

9 鹿终止的地方

THE BUCK STOPS HERE

如果你赢下52胜，离总决赛只差那么一点儿，你绝不会让任何的警示信号分散自己的注意力。

一个信号来自2001年2月《体育画报》一篇有关我的专题文章。那是截至当时，我生涯最重要的一次报道，之前只有些发表在当地报纸上的小文章给我一些积极的评价。

然而，在《体育画报》的报道中，我却因为行为处事的方式招致了批评……来自我自己的教练！我简直不敢相信。生涯中我第一次问自己：这家伙真的站在我这边吗？

“我管他叫‘芭比娃娃’，因为他喜欢打扮得漂漂亮亮。”乔治对记者说，“他是个很棒的球员，但他太关心造型、上镜、扮酷了。篮球不是扮酷。这是一项艰难、充满竞争性、努力争胜的项目，你必须凶狠，你必须变成刺客，而那不是雷。”

显然，乔治认为我应该在最近的两场比赛后更沮丧一些，因为我防守的家伙都爆发了。首先，这些家伙都是很了不起的球手，他们在面对任何人的时候都爆发过。此外，跟任何职业运动员一样，我有很强的自尊心，所以当然也会沮丧，我只是表达情绪的方式跟其他人不同而已。

他还，听好了，拿我的笑容说事。

“两个球员合起来得了 84 分，狠狠地踢了你的屁股。”乔治说，“我心想：‘那个气急败坏的好胜者在哪儿呢？’我看向雷，他在那里微笑。你说说这意味着什么。”

让我来告诉你这意味着什么。我微笑，是因为我可以把自己喜欢的事情作为自己的工作，即使可能遇上不如意的情况。选秀夜我在栈桥向香农倾诉时，她说的话是对的：我很幸运。

乔治甚至对我在训练时笑感到不爽。一次，他发现萨姆和我在笑，立刻把我叫到了一边：

“我不能接受自己最好的球员在底线旁胡闹。”他说，“我们试图变得严肃，其他人都会以你为榜样。”

老实说，我不觉得带着愉快的情绪打球有什么错。我不觉得微笑阻碍了“魔术师”约翰逊的发挥。此外，如果你训练得够努力，带不带着愤怒打球又有什么区别呢？愤怒不能帮助你做好坚实的挡拆，传出准确的传球，或是卡好位置。非要说的话，愤怒只会让你失去节奏。

乔治所说的我太关心“扮酷”的话也让我觉得很没道理。每次我在空中飘浮，柔和地打板上篮时，人们总会说：“老兄，那真是太流畅了。”

因为这不是一个很富侵略性的动作，也没有必要。我始终看不出浪费不必要的能量的好处。让别人去滥用精力吧。等到第四节，你的双腿会比他们的更有力气。

他会在队友面前狠狠地批评我。对此，至少我有所准备。

“有时候，我批评你是因为要拿你当典型，这样我才可以批评其他人。”乔治说，“他们会明白我没有偏私。你需要适应这一点。”

我照着做了，一次又一次。但在大众面前批评我，比如《体育画报》的那篇采访，这是完全不一样的事情。这是我不能适应的。

另一个信号是在 2001 年夏天，我打电话给助教特里 · 斯托茨，问他想不想去我所在的乡村俱乐部打一轮高尔夫。我和特里经常一起打高尔夫。

“乔治说我不能跟你一起打高尔夫了。”他说。

乔治说你什么？我搞不懂跟特里打高尔夫与密尔沃基雄鹿的命运之间有什么关系。

特里只能遵从他。对于乔治，你只能听他的话，不然就是在反对他，而其他助教承担不起反对他的后果。

那么，我们在过去3年建造起来的一切是什么时候崩塌的呢？

我们签下安东尼·梅森的时候。

当我们在2001/2002赛季开始前一周签下自由球员安东尼时，我非常兴奋。我们所缺少的一味调料是凶悍，而这正是安东尼会带给我们的，正如他过去所做的那样。他曾效力于20世纪90年代中期的尼克斯，担任大前锋，他们差一点就赢得总冠军；后来他又去了热火，在2001年入选全明星。要说一句，安东尼——愿他安息[1]——绝不是个坏人。

那年秋天，在他场均7.5个篮板的帮助下，我们前10场比赛取得了9胜。

但随后，我们踏上了客场之旅，以及滑坡之路。我们五连败，4场分差达到两位数。1月，我们似乎峰回路转，取得八连胜，但这只能骗骗外人。表面光鲜之下，我们的化学效应已耗尽，之后的40场比赛只取得了27胜，这一点也不奇怪。你不可能把问题隐瞒如此之久，特别是在那么大的舞台上。

问题在于安东尼。作为一个新来的球员，他没有想办法融入，而是期待所有人都服务于他。

前尼克斯球员比尔·布拉德利在著作《奔波此生》中有过精辟的描述，他指出每个球员都需要为了夺冠做出牺牲："团队冠军意味着对单干、自私、不负责任等做法的限制。一个人无法单枪匹马地拿到

1 安东尼·梅森于2015年因心脏病去世，年仅48岁。——译注

冠军。实际上，反过来倒是成立的：一个个体足以阻止成功的实现。”

布拉德利写下这段话是 1976 年。虽然自那时起篮球发生了许多变化，但他所讲述的真理永远不会变。

安东尼几乎每个回合都想要球。如果我们没有把球传给他，他就会不停地抱怨，根本不在意谁会注意到。好多次，当我在转换进攻中出手三分时，他都会放下双手，低垂着脑袋，展示出你能想象到的最糟糕的身体语言，就好像我把球投进了密歇根湖。我们的风格是快速进攻，一找到好机会就出手。但有他在低位持球——看上去几乎有一个世纪之久——我们出手的时机从进攻时间还剩 16—18 秒变成了最后三四秒。他打乱了我们的延续性。

最糟糕的要数聚商。乔治会下达指令，而此时，不开玩笑，安东尼会把椅子转向另一边，看着观众席。我从没见过哪个球员是这样子的，哪怕是初中也没有。他不只是对教练不敬；他是在对这项运动和他的队友不敬。有时候，当对方进球后，萨姆会到底线来接球，把球带过半场，这是他作为控球后卫的职责，而安东尼则会冲过去逼他把球交出来。想让球离开他的手？祝你好运。

你肯定觉得，乔治那么有掌控欲的一个人，一定会设法让安东尼守规矩。哦，他尝试过一阵子，但安东尼会直接骂回去：“你个死肥猪，闭上你的鸟嘴。”

一般来说，如果有球员不尊重教练，他就会被按在板凳席上。如果这还不行，他就会被罚款。最后的手段是裁掉那家伙，不管他赚了多少钱，或给阵容留下多大的漏洞。

乔治并没有遵循这样的步骤。他害怕安东尼。他没有给他任何惩罚。

我和队友也没有做什么值得骄傲的事。我们没敢站出来——无论是一个人还是一群人——反对安东尼，我们尝试取悦他，这样他就不会冲我们发火。大概我们也害怕他吧。

我们本应有所戒备。联盟的其他人都知道会这样。在一场对阵热火的比赛后，对方的一名球员来到我们更衣室串门。

“你当初为什么不给我打电话？”那名球员说道，他跟安东尼当了好几年队友，熟悉他的奇葩做法，“我本来可以告诉你的。”

“谢谢！”我说，“你现在跟我说说。”

实际上，他不是第一个说这话的人。有一天，在训练营，当时我们正要签下安东尼，球队中锋厄文·约翰逊给我打了个电话：

“雷，当心你期待的东西。”厄文说，“他想要球，他会把正在发生的一切都摧毁。”

我去找了球队总经理厄尼·格伦费尔德，看看他能不能解决这个问题。厄尼联系了几支球队，但没人想要安东尼。

“你必须接受，这就是我们今年要面对的情况”。他对我说。

我们还必须面对乔治，他不知道如何避免引发争议。我不是心理学家，但他看起来需要一个。

他在接受《时尚先生》杂志采访时发表了一些评论，后来于那年3月见诸报端。记者问到了奥兰多魔术队教练道克·里弗斯。这太简单了。随便说些好话，然后回答下一个问题。

然而，对乔治来说，没有哪个问题是简单的。他暗示说，道克都没有在 NBA 当过助教，还没交够学费就直接从电视评论席走上了奥兰多的岗位，这可以说是“钦定”的，而且以后还会有“四五名被这样钦定的年轻黑人教练”。

乔治的话充满种族主义意味，也没有任何说服力。拉里 · 伯德情何以堪？他在 1997 受聘担任步行者主帅前也没有当过助教。但乔治没有提到他的名字。顺便说一句，道克在联盟摸爬滚打了 13 年。别告诉我这不是在交学费。

我和队友没有对抗乔治，就像我们没有对抗安东尼一样。我们仅仅是对媒体发声，而我们本应该直接去跟他谈。

通过安东尼和乔治，你看得出我们有多么混乱，这最终导致了不断的失利。

尽管如此，在常规赛还剩最后一场时，我们只要在底特律战胜活塞队，就可以杀入季后赛。在那之后会发生什么，谁说得准呢？我们显然有能力在季后赛大闹一场。

一些球员接受了挑战，比如达文·汉姆，他来到更衣室时身着军装。

另一些球员则没有，包括我。我告诉香农说，我不想打进季后赛。这听起来很糟糕，我知道，但请听我解释。在我看来，打进季后赛，会让这个赛季发生的一切错误都变得不成问题，但事实并非如此。那都是些卑劣的事情，而且我很确定那些争执会继续发生在我们身上，而这次是在全国观众面前。我可不希望这样。

没什么好担心的。活塞队半场就领先了 20 分，而且丝毫没有放松。

最终比分：123 比 89。我在 23 分钟内只得到 6 分。

从离总决赛只差一步，到跟其他输家一起参加选秀抽签，女士们、先生们，这就是你们的密尔沃基雄鹿队。这就是 NBA 的生活——没有人能保证明年会发生的事情。

现在怎么办？如果没有球队愿意接手安东尼，谁离开？反正一定会有人走。假如你是乔治或厄尼，而且还想保住自己的饭碗的话，你不可能像我们这样飞快地崩盘却还无动于衷。

8 月，我们得到了答案：格伦 · 罗宾逊。雄鹿把格伦送去了老鹰队，换来托尼 · 库科奇、利昂 · 史密斯和 2003 年的一个选秀权。

好交易，我心想。蒂姆 · 托马斯绝对可以填补格伦的位置。实际上，我觉得他有能力成为联盟最好的球员。蒂姆不仅是绝佳的射手，还可以控球，同时非常有运动能力。他身高 2.08 米，可以打场上任何一个位置，包括控卫。

真希望我当时能把话憋在肚子里。但事实是，那年秋天的训练营里，我批评了格伦对脚踝伤病的处理方式。他得知后，通过我的一位朋友给我带了一条凶狠的口信。我不怪他。我和格伦一起赢下了许多比赛，他是我一起打过球的人中最好的球员之一。我当初应该这么跟记者说的。后来，我自己遭遇踝伤时，我感到更加难过了。我体会到了他的痛苦，那是我之前不曾了解的。

格伦不是唯一一个走的人。乔治还炒掉了几名助教，包括追随他多年的特里 · 斯托茨。

这绝不是特里应得的，我们怀疑这不过是因为乔治担心球队继续挣扎的话，参议员会让他承担责任。在需要代替乔治行事的场合，特里总是干得不错。他会安静地待在场边——想象一下——让我们可以在场上放松地比赛，这是你在其他情况下看不到的。

然而，格伦和助教们的离开并没有扭转一切。我们赢了几场，然后输了几场，始终没有展现出两个赛季前打进东区决赛的那支球队的气质。1 月末，我们的胜率将将过半，并且如你所料，我和乔治的关系变得前所未有的紧张。他现在在质疑我的强硬。

一天，我们的训练师要求我不要参加训练，因为我膝盖有肌腱炎。这下，乔治看到了自己的机会。

“乔治对你不满。”记者们说。

“我不知道你们在说什么。”我回答道。

很快我就知道了。乔治没有对我说一个字——不是什么不正常的事——却向外界指责我不参加训练，丝毫不提训练师的建议。你当然可以批评我，但绝不能质疑我对带伤训练和比赛的意志。进入 NBA 时，我的目标是成为卡尔 · 里普肯，他是巴尔的摩金莺队的名人堂内野手，16 年中没有缺席一场比赛。我不知道自己能变得多优秀，但我愿意每天都登场。

幸运的是，我成功地避免了重大伤病，做到了这一点。直到我的第六个赛季，在连续出战 400 场后，我第一次缺席了比赛。

那是 2001 年 12 月对阵休斯顿火箭队的比赛前，我坐在球员餐厅，肌腱炎就这么突然爆发了。我跳上跳下，甚至在走廊里全力冲刺。我尝试了各种方法放松，但都没用，我的腿酸痛不已。我对那些第一次来看我比赛的球迷感到无比的愧疚。

不管怎么说，是我给了乔治批评我的机会，错在我，而不在他。从那时起，每次我在训练或比赛中扭伤脚踝，我都逼迫自己回到场上，无论伤有多重。我不会让任何人觉得乔治对我的批评是正确的，哪怕是一闪而过的念头。

然而，不管我做什么，他总能找到我的碴儿。2000 年的一天，我在波特兰耐克总部，与几位高管一起检视最新款的球鞋，然后偶遇了乔治。

“嘿，你好，乔治！”他们说。

没有“你好”，也没有什么温暖的回应。

“你们为什么跟这家伙待在一起？”他说，“你们应该见识了他昨晚的高中生表现。”

乔治没再说一个字就走掉了。记住，那天晚上我在快船队头上砍下 35 分，19 投 14 中，球队 104 比 85 获胜。乔治没提这个，完全没提。相反，他觉得有必要在众人面前给我难堪。

每当我们打出一波高潮，逼得对方不得不叫暂停的时候，他从来不会显露出哪怕最轻微的情绪。其他教练会鼓掌，或者攥着拳头。他不会。球迷们激动得要疯，而他就那么站在那儿，好像我们落后 20 分而不是领先 20 分。

后来，在为内特 · 麦克米伦、鲍勃 · 希尔或道克 · 里弗斯打球时，我总会觉得教练为我们打气是件很奇怪的事。自从卡尔霍恩之后，我很久没有看到这股板凳席上的激情了。

乔治有次告诉我："有时候，雷，你只需要当个笨蛋篮球运动员就可以了。"

翻译：照我教你的去做，不要再问那么多笨蛋问题！

我永远不明白乔治为什么要这样说。我觉得，非要说的话，教练应该想要那些会问一大堆问题的聪明球员。讲道理，问问题可以让你更好地应对场上的一切突然情况。

多年后，我听丹佛的球员说，乔治对同样跟他处不好的卡梅洛·安东尼说：

"卡梅洛，你真是个笨蛋篮球运动员。"

我了解卡梅洛，这话错得简直不能更错了。

我不知道为什么乔治那么不喜欢我。一开始不是这样的。我与他隔街为邻，我们会在后院打排球，一起吃饭。他还邀请我参加他在博伊西组织的高尔夫比赛。

或许他是嫉妒我跟参议员的关系，或许他觉得我比他拥有更大的权利。另一个理论是，他不喜欢明星球员。除了加里·佩顿，我再想不出乔治队中有哪个高调人物是跟他相处得好的。

乔治有次跟我抱怨他 20 世纪 70 年代的队友，绰号"冰人"的乔治·格文。

格文是这项运动历史上最具爆发力的得分手之一，哪怕被双人包夹，且乔治·卡尔处于完全的空位，他还是会自己出手。这么做很合理。"冰人"的整个生涯（主要在马刺队度过）投出了超过 50% 的命中率。然而，乔治始终没有原谅格文不给自己传球的做法，而我真的觉得他把气撒到了其他球星身上。

另一方面，那些不被人们关注的球员反而会得到他的竭力赞扬，比如我们队几乎没怎么登过场的前锋马克·波普，因为乔治过去也属于这一类球员。

“他是我们队在训练中表现最好的。”他会对我们说，“你们都要向马克看齐。”

该死，如果乔治那么喜爱马克，我们心想，他为什么不让他每场比赛都首发呢？

不管是什么促使乔治那么讨厌我，我并没有意识到自己的处境究竟有多险恶，直到一天，2002年加入雄鹿的助教萨姆·米切尔跟我说起此事。我当时在训练场一楼练习，萨姆从二楼的办公室看到了我，走了下来。

“不要相信楼上的任何一个混蛋。”萨姆告诉我说，“我之前在开会，他们每个人都在谴责你。他们坐在那儿，试图让我相信你是个麻烦。‘麻烦？’我告诉他们说，‘我看不出他怎么会是个麻烦。他每天都在努力练习自己的技艺。’”

如果萨姆能看出我有多么投入，我相信其他教练肯定也能看出。如果他们看得出，为什么不告诉乔治他对我的观点是错误的呢？再说一遍，你不听乔治的话，就是在反对他。

我从达文·汉姆那里收到了类似的警示。

“我需要跟你谈谈。”一天，我走进更衣室时，他对我说，“这里有很多阿猫阿狗在说你这个不对、那个不对。我希望你明白，你付出的努力我都看在眼里。”

更衣室有时就像高中，有很多派系，还有各种流言——大多是不实的。我感激达文有勇气告诉我他听到的话。

我已经失去了耐心，于是去找参议员。如果有人能解决我和乔治之间的事情，只有他了。

他的建议很简单：去跟乔治谈谈。我的回答也很简单：太迟了。每次我去找乔治，他都试图让我相信我愤怒的对象应该是萨姆、安东尼或蒂姆，而不是他。

不管怎样，科尔参议员不会告诉乔治该做什么。绝大多数老板都把权力交给教练……直到把他们炒掉的那一天。我感到自己别无选择，只能告诉参议员，或许我应该离开，这样对所有人都好。毕竟我不是那种会逼宫的球员。那也不会带来任何不同。

如果能重来，我应该最后再去找一次乔治。我的工作是帮助你赢球，我会这么说，如果你有不满，来找我说，别去找媒体。我不喜欢那些对我人格的攻击，我的家人也一样。

我为什么没这么做呢？因为在我的成长过程中，爸爸都在部队服役，而我从他那里学到的是，你不能跟上级顶嘴。你只能服从命令。多年之后我才意识到，上级有时也会跟我们一样做出极其糟糕的选择，而这时候，你应该反抗，并期待他们上面的人能听进去你不得不说的话。

如果能重来，我还会更多地寻求队友的帮助。我相信，其他人都有跟达文相同的感受。如果我们团结在一起，我们本来可以迫使乔治停止他那套挑拨内斗的把戏。正如我从康大学到的，一支团结一致的球队是十分让人瞩目的。

在跟参议员谈话后几周，球队出发去客场。赛季还剩下大约 30 场比赛，一切都还有可能。

真的什么都可能发生。

在对阵超音速的比赛前一天，我在西雅图的球馆做着拉伸。每次我转过身，都会有摄影师在朝我按下快门。我从来没有在训练中见过那么多镜头。

“发生什么了？”我问他们。

“有交易。”他们说。

“谁被交易了？”

他们指着我。

“你们说什么？”

我转身往回走，想要了解更多信息，这时候，我注意到乔治朝球场的另一端走去，就像要逃跑。一整天，他都知道交易在进行，但他一个字都没跟我说，不管是在去酒店的大巴上，还是在抵达球场的时候。雄鹿队得到了历史上最顶尖后卫之一的加里 · 佩顿，还有侧翼摇摆人德斯蒙德 · 梅森。乔治告诉参议员说，我的替补迈克尔 · 里德可以做到我能做的一切。参议员相信了他。

我很震惊。交易截止日前的一切推测都指向了合同即将到期的蒂姆 · 托马斯，他才是那个挂牌出售的人，而不是我。记者们甚至问我对蒂姆现在的感受有何看法。我说，不管有没有被交易，他都照样会有工资领。他又不是被送去监狱。

之后的一切都发展得很快。我和康涅狄格的老兄弟凯文·奥利一起回到酒店，他也被送去了超音速。

大约1小时后，西雅图主教练内特·麦克米伦把我和KO载上车，送我们去见球队老板、星巴克前CEO霍华德·舒尔茨，地点就在他家。他家？那地方倒不如说是座山。你看不到头，也看不到尾。

霍华德给我们准备了咖啡。他当然会这么做。他说自己之前预计5年内夺得总冠军，现在是超音速的第二年。某种意义上，我喜欢他说的话：你总希望能在一位想要冲击远大目标的老板手下打球。与此同时，我觉得这话挺可笑的。你不能为夺冠准备一张时间表。有太多的未知数了。

我的情绪很复杂。我当然感觉松了一口气，可以逃离那个有毒的环境。在那里，我每隔5秒钟就要回头检查一下，看乔治有没有对媒体说我什么话。

另一方面，我也对密尔沃基有了深厚的感情。我把自己的一切都奉献给了这支球队，我们本已经开始打造一项伟大的事业了，然而，第二个赛季，一切都分崩离析。我们本来有机会拿到一座总冠军，说不定两座。

同样，乔治也应该获得他应有的赞誉。他是一位了不起的老师和战术家。他本来可以开创一个王朝，不管在哪儿执教。只要他不自己给自己添乱。

我最伤心的一点在于交易的过程。如果乔治没胆子事先给我提个醒的话，厄尼或参议员，他们应该这么做的。球员永远都不应该从媒体获知自己被交易的消息。

顺便说一句，我在离开前没有跟乔治谈话，后来也没再跟他说过话。交易当天下午，在KO和我去见舒尔茨先生之前，我乘酒店的自动扶梯上楼，恰逢乔治下楼。他没敢跟我有眼神接触。那一刻我明白了，就是他把我赶走的。

这笔交易，容我客观地说一句，对雄鹿而言就是灾难。密尔沃基在季后赛首轮被新泽西篮网队击败。佩顿只为他们打了28场比赛，随后就以自由球员身份与湖人队签约。我跟联盟的球员都聊过，没有人知道雄鹿队在想什么。

“简直是瞎搞。”沙克对我说，当时我在洛杉矶，即将第一次代表超音速出战。

让我的情绪更低落的是，第二天晚上，我在钥匙球馆的第一场比赛，那些崇拜佩顿的球迷们举着牌子表达自己对交易的看法。

一块牌子写着：超音速队，死于2003年2月23日。唉。

1996年那笔交易宣布时，我在密尔沃基收获了嘘声。现在，我又一次来到一座球迷更喜欢其他球员的城市。而唯一的回应方式就是努力训练，像往常一样，甚至更努力。

上一次，我重新赢得了他们的心。但没人可以保证我还能再来一次。

10 翱翔西雅图

SOARING IN SEATTLE

一旦从最初的震惊中恢复过来，我便展望起即将在这个国家一个完全不一样的地方开始的新生活。如你所知，搬家对我来说不是什么新鲜事。新鲜的是人们期待我将要承担的领袖角色。现在轮到我了。

在密尔沃基，事情并非如此。

想想看吧：哪个老球员愿意听取一个20岁出头的愣头青的建议？怎么可能会有他知道而老将们不知道的东西？所以，绝大多数时候，我都闭着嘴。此外，萨姆·卡塞尔对我们说的话已经够多的了。

老实说，除了年轻，我不愿争取领导地位还有别的原因。即使在高中或大学，我是队里最好的球员，但我始终不怎么爱发声。

在拍摄《单挑》之后，情况也没有改变。我在扮演耶稣·沙特尔斯沃思时卸下的心防，去除对亲朋好友的，其他的在变回雷·阿伦之后又都回来了。我试图以身作则，无论在球场上还是更衣室，但我不愿紧盯着队友，促使他们完成自己的任务。

但我抵达西雅图时，不需要非得有人告诉我该做什么，我自己很容易就看得出来，在加里离开之后，球队需要一名领袖。你们刚刚交易走一名显然能进名人堂的球员，你们最好赶快再找个领袖。

不过，队员们似乎对我可能采取的领导方式有些紧张。这完全可以理解。我知道加里是什么样的人，我们在2000年奥运会上当过队友，因此我很清楚他们之前经历过什么。我会一样的苛刻吗？每一个建队基石球员都是这样的吗？

当然，如果胜利是你的终极目标的话。

实际上，加里是我面对过的最强硬的对手。在18年的NBA生涯中，我想不出有谁的防守比他更凶悍，而他在进攻端同样咄咄逼人。每天晚上，他都能稳定贡献20分、10次助攻。每一场比赛，他都带着巨大的强度和激情在打球，从不畏惧迎接挑战，这或许就是他跟乔治投缘的原因。

在观看该赛季早先一场比赛的录像带时，我对加里有了更深入的了解。超音速队正在防守的某位球员做了个漂亮的动作来摆脱，突然，加里从球场另一侧飞奔过来进行包夹。我说的是飞奔。我印象里从没见过有球员这样轮转的。

“你们管这个防守战术叫什么？”我问队友。

“老哥，”他笑着说，“这不是一个有名字的战术。他只是看到了就想把东西补上。”

我可不会那么鲁莽。我信任体系，无论是好是坏，这要归功于我从小受到的“按规定执行”的教育。我不喜欢惊喜，特别是在防守上；你的队友应该清楚在特定的战术下你会轮换到场上什么位置。一定要说的话，加里可能太能干了。其他球员无法绽放，因为在他的打球方式和人格力量之间，已经剩不下什么空间给别人了。

“我们想要成功，”我告诉球队，“就需要每个人在球场两端做出贡献。我要你们去抢篮板，去给球队创造二次进攻的机会，去做那些能帮助球队赢下比赛的小事。”

在适应新角色的过程中，我脑海里始终有一个声音。声音来自乔治·卡尔。

我知道，这听上去像鬼上身，其实不是。神奇的是，那是一个理智的声音。虽然我们之间有矛盾，但乔治还是潜移默化地教会了我很多关于篮球的东西。没有他，就没有后来的我。所以，在西雅图，我想办法回忆乔治好的一面，而把坏的一面抛在脑后。

比如那次，他批评我在训练中跟萨姆开玩笑。我当时觉得他反应过激了，但在深入思考后，我明白了他的看法。如果我太过闲散，队员们可能产生错误的印象。现在，作为领袖，我的每一个举动，哪怕是训练中，都有人在看着，我不希望他们觉得我没有认真对待自己的工作。

当然，我们也知道如何找点乐子。

在长途飞机旅行中——西雅图仿佛不仅在另一个时区，而且远在另一颗星球——我们有 5 个人经常玩一种叫 Bourré 的扑克游戏，类似红心大战，关键在于每一手都要想办法获得高分。赌注一般从 100 美元开始，然后在你知道自己的钱跑到哪里之前，赌金可能会变得非常高。一趟飞机输赢几千美元是常有的事。

多年后我效力于凯尔特人时，有一次，多伦多机场的安保警察在检查我不小心遗留在包里的护肤乳，而我惊愕地发现自己还忘了什么东西在包里：35000 美元现金！想当初，球员们，包括我在内，在客场旅途中总会携带一大笔现金，后来我们逐渐明白最好还是刷信用卡。警察发现了现金，由于我没有申报，他们要将其没收。我在某个办公室被关押了大约 1 小时，队友们则坐在飞机上，想知道我出了什么事。我上一次像这样被拘留还要追溯到在爱德华兹基地偷甘草糖的时候。顺便说一句，他们最后还是允许我带上那笔钱了。

从乔治那里，我学会了如何让比赛来找我，而不是相反。这大不相同。头两年，在福特教练手下，如果五六个回合没有摸到球，下次得球的时候我就会不那么耐心，而这种时候你往往会出错。

乔治纠正了我：不要在前两节尝试高难度的出手，让其他队员参与进攻。

然后，如果你需要在第三节得分，还有第四节，毫无疑问，敬请随意。

西雅图的队员们知道我能做什么，所以每当我吸引双人包夹并把球传到他们想要的位置时——每个球员都有自己喜欢的点，他们都做好了为自己或队友执行战术的准备。

从一开始起，我就鼓励队友们要多为对方考虑。毫无疑问，说这些话是教练的工作，我并不想越俎代庖，而且内特在这方面做得不能再好了。只不过，作为球员，你会听腻了同一个声音说话，特别是那个人总是不停地在说你哪里做错了。

这与哪个教练无关，不管是格雷格·波波维奇、菲尔·杰克逊，还是史蒂夫·科尔都一样。每个声音听多了都会烦。在这种时候，如果你真的是自己宣称要成为的那种领袖，就必须站出来，因为大家想听到不一样的声音。

比如说，有人在防守端不够拼命。

“你觉得你在让教练不爽，”你应该告诉他，“但你实际上是在伤队友的心。”

很快，我就看到持续性的改善，包括场上和场下。一个完美的例子是我们2.16米、颇具天赋的前锋杰尔姆·詹姆斯。杰尔姆在训练或赛前常常无法准时现身，但他总有借口，其中一些尤为别出心裁。一次，他说自己必须停下车扶一位老奶奶过马路。我发誓这件事不是我编的。

“如果你来得早一点，”我脱口而出，“就不会遇到过马路的老奶奶了。”

杰尔姆还会在赛前穿着运动衫来到更衣室。我希望自己听上去不像个夏令营辅导员，但还是给了他一点小小的建议。

“你觉得人们看到你穿成这样进来，会有什么感觉？”我问他，“他们会觉得你做好了拿出最佳表现的准备吗？如果你向人们展示你对待自己的事业很严肃，就会改变他们对你的看法，也会改变你在场上的表现。”

值得表扬的是，杰尔姆确实从自己的错误中学到了很多。另一位球员拉沙德·刘易斯也是如此。在我加入超音速时，已经是他的第五个赛季了，但他还只有23岁，远没有实现自己的潜能。我知道拉沙德一定能打出来，因为他拥有一项你教不出来的东西：欲望。我见过许许多多的球员，可以像当初的我一样被康涅狄格的迪肯曼教练在名字边上画一个表示“潜能”的“P”，但他们不具备欲望，因而没有成为他们本应成为的样子。

“我想像你一样赚大钱。”拉沙德有一次对我说。

好样的，我告诉他说。我始终相信，如果你有目标，不要闷在自己心里，而要向整个世界广而告之。

把你的目标写在墙上、手机或记事本里，总之某个你能看到的地方，这样它就不再是一个你保守着，不想让别人，特别是你自己知道的秘密。你保守着这个秘密，是因为害怕，以为如果自己没能达成目标，就不需要向别人和自己承认你的失败。

有人说，没必要把这些话说给整个世界听，那只会给你带来压力。我说：要的就是这个！

顺便提一句，把尽可能多地挣钱作为目标，这没有任何不对。别忘了，运动员只有非常短暂的窗口期。这也是我为拉特雷尔·斯普里韦尔感到同情的原因所在。这名从 20 世纪 90 年代开始打球的饱受争议的全明星后卫，以“要养家糊口”为由拒绝了 2100 万美元的续约合同，因而饱受批评。

能拿多少就拿多少，这一直是我的态度。对于那些觉得这听起来贪婪的人，我要告诉你：开支票的老板赚得要比球员们多。多得多。

拉沙德每天都来进行投篮训练，很快，他就成了联盟最优秀的年轻球员之一。只要把他放在低位，他就能创造出自己想要的投篮机会，而且他还能投三分。他所渴望的赚大钱的日子很快就会到来。

整支球队都开始同样认真地训练。我喜欢看他们一天天地成长。我还准备了许多投篮比赛，在训练结束后进行，帮助我们为竞赛做更好的准备。这些投篮游戏都很紧张刺激，一定能让卡尔霍恩教练印象深刻。

其中一种比赛叫“环游世界”，每个人都在底角排好队，必须连进 5 球才能去下一个点：45 度角三分。最后一个点是对面底角，第一个全部投完的人是当天的最佳射手，更棒的是，可以成为唯一一个不用跑步的人。

最后一个投完的人就太惨了。他必须进行我们在康大练的“自杀跑”，在两条底线间往返冲刺。其余人在中线和后场之间往返跑。为了晋级下一个点而给自己施加的压力跟正式比赛是类似的，这就是关键。你会对必须命中投篮才能逃出生天的处境感到熟悉，这样就不会在正式比赛的类似场合感到恐慌。

比其他更重要的是我们彼此之间的信任，这源于那些漫长的客场旅途。你只能在不间断的玩牌中度过。我们花了无数小时，一起讨论人生。

队员们问我的意见，我给他们建议。如果有什么是我不知道的，我就说回去研究一下再告诉他们。我成了球员和内特之间的非正式联络员，一个我十分乐意担任的角色。

一次，在明尼苏达取胜之后，他们让我去找内特，看看能不能放一天假。我们真的很需要休息。很多时候，我们凌晨五六点钟才回到家，中午 12:00 还必须准时参加训练。即便如此，想要说服内特同意，我还是必须用上自己全部的口才。内特是个精力极其充沛的家伙。在他效力超音速的 20 世纪 80—90 年代，球员们习惯性地一天两训。

“他们不需要休息。”他说，“他们才 22 岁。”

确定训练日程是他的权利。他是教练，我只是球员，一个应该闭嘴的球员。

“内特好像已经忘了当球员的日子。”我跟队友们开玩笑说。然而一个记者就在边上，这句话上了报纸之后就变了味。

第二天的训练，内特拿了份报纸过来，把我拉到一旁。

“你想把我放在火上烤？”他说。

我马上道了歉。我感到很愧疚。

你可以称之为又一次警钟——我可能还需要几次——提醒我在附近有记者的时候必须小心谨慎。作为球队的门面，我说的任何话语都可能变成新闻。

听着，我不是在抱怨那些想要抢发独家报道的家伙。只不过他们别想在我这儿搞什么大新闻。

在我刚到队的时候，超音速 22 胜 30 负，距离西部列强（达拉斯、圣安东尼奥、萨克拉门托、波特兰、明尼苏达、犹他）有着相当大的差距。但在我的首秀——101 比 106 负于湖人后，我们一波五连胜。季后赛并非毫无希望。

然而，之后我们再也没有三连胜过，最终 40 胜 42 负，比 8 号种子菲尼克斯太阳队少赢 4 场。没关系。未来大有可期。除了拉沙德和杰尔姆，来自塞尔维亚的前锋弗拉迪米尔 · 拉德曼诺维奇同样展现了相当的潜力。弗拉德[1]的跳投有着令人惊叹的弧线。

如果场外的事情能让我更满意就好了。我们的更衣室没有东西吃，只有叫了才会提供。与之相反，独行侠的马克 · 库班不仅确保自己球队的更衣室囤满了吃的，还会为客队准备。这才是你希望为之效力的那种老板。

另一个争论的热点是行李箱。每支球队都会给每名球员准备两只行李箱，上面有球队的图标和球员的名字。每一支球队，除了我们。老板觉得我们有钱自己买行李箱。他们最后给我们准备了袋子，但还是不肯在上面打名字或号码，称那样在路上会被偷。胡说八道。我从来没听说有球队的袋子被偷。

这些关于食物和行李的抱怨听上去都是些鸡毛蒜皮的事，但其实

1　弗拉迪米尔的昵称。——译注

不是。我们的工作是发挥全力上场比赛，所以球队负责的一切事情，哪怕再微小的细节，都与我们相关。

我不是说，因为这些问题的存在，所以有球员没有付出全力。我要说的是：我从没见过哪个受到球队悉心照料的球员不好好回报球队以表达感激之情的。联盟的球员会互相交换信息，跟老板们一样。我们知道哪支球队对球员好，哪支不好。

一开始，我保持沉默，就像在密尔沃基时一样。但作为领袖，我不可能永远不开口。

2004 年春天，有记者问我，超音速在事务管理上比起雄鹿来如何。我说超音速可以做得更好，特别是想要吸引顶级自由球员的话。我已无法想起那篇报道的字句，但我永远忘不了西雅图报纸的头条标题：“阿伦想要更好的福利设施！”

听起来我像个被宠坏的女明星，而不是在认真地指出实际问题。就连霍华德也很不满。他打电话来说我“虚伪”，还要给我一本 NBA 球队运营教程看看。

不了，谢谢。我不需要什么教程，也知道你不能像运营星巴克一样运营球队。这不是企业界。绝大多数老板只有在出售球队时才真正从中赚到钱。更多时候，你要花钱来升级球员和教练组——没错，还要提供更衣室食品和客旅行李箱。我只是说了自己必须说的话，并且从不后悔。

遗憾的是，6 个月后我对科比 · 布莱恩特的评价就不是这样了。我经常会后悔说了那些话。我真的还需要更多的警钟。

当时是对阵开拓者的季前赛，赛前我在波特兰的更衣室，媒体向我问起前一天晚上的对手湖人队，他们在休赛期把沙克送去了热火。我说自己不知道科比为什么讨厌沙克，全联盟的其他得分后卫都愿意付出一切代价来跟如此具备统治力的一位中锋联手。

这不是全部。我还说，一两年后，科比就会后悔这笔交易，要求管理层买来更多球员，或把他自己交易出去，因为他们队没有任何战斗力。

我说的话听起来没那么糟糕，真的，但我既不是湖人队的一员，也不了解幕后发生的事情，因此我没必要掺和进去，讨论他的处境。我的注意力应该只放在自己效力的球队上。如果其他队伍的球员谈论我的事情，我当然也会很不爽。

不久后，在圣迭戈的一场对阵湖人的季前赛，赛前某个我认识的人把我叫到更衣室外。

“我来只是给你提个醒，”那人警示我，“因为那家伙让大个子在比赛里对你狠狠地犯规。我告诉你，是因为你是我兄弟。小心点。”

我震惊吗？完全没有。我也不感到愤怒，只是觉得他这么做有点怯懦。他本来可以直接对我喊话，而不是派什么人来干脏活；我们可能很快就把这事儿给忘了。顺便说一下，那天晚上我没打，因为脚踝酸痛。媒体试图让我们的恩怨持续得越长越好，但这件事很快就平息了，让位给了其他的热点新闻。

我发誓，我不会在任何情况下再犯同样的错误。我做到了。

3 年后，太巧了，我在洛杉矶参加高尔夫比赛。这时爆出新闻说科比请求交易，就像我预测过的那样。每当我在高尔夫俱乐部周围闲逛的时候，都有记者上来想要我说点什么。我拒绝了。

后来，2011 年，洛杉矶的全明星周末，我向科比道了歉。我敢说他很欣赏这份心意。

2004 年秋天，我们已经等不及要一扫上赛季的阴霾了。前一年，我们 37 胜 45 负，离季后赛差得很远。更糟糕的是，我在季前赛伤了脚踝，错过了前 25 场比赛。

今年会大不一样，我们告诉自己。

除了我、拉沙德、弗拉德和杰尔姆，我们还有许多可靠的老球员，比如安东尼奥 · 丹尼尔斯、维塔利 · 波塔片科和丹尼 · 福特森。同时，我们还可以指望来自俄勒冈大学的二年级控卫卢克 · 里德诺，并且来自堪萨斯大学的新秀前锋尼克 · 科利森也能站出来。

那么，在洛杉矶的揭幕战打得怎么样？我们输了 30 分……输给了快船！某个名为博比 · 西蒙斯的家伙 15 投 13 中。幸运的是，这场失利并不意味着什么。事实上，事情朝着相反的方向在发展，我们接下来连赢了 9 场，19 战 17 胜。

我们打着相当快的节奏，一有好机会就出手，类似我待过的那支密尔沃基。不过，由于我们的比赛很少在电视上播出，所以其他地方的球迷并没有拿我们当回事。直到 12 月，我们在客场击败了强大的马刺队。没有比圣安东尼奥更难赢球的地方了。超音速是来真的，一位全国顶级的专栏作家写道。我们确实如此。

赛季还剩最后三周半时，我们 48 胜 20 负，但我并没有太激动。你必须将注意力一直保持在进步上。此外，场外还有许多值得担心的问题。我们队中有 9 名球员的合同是最后一年。在赛季开始前，老板曾说过，只要我们做好本职工作，他们会慎重考虑续约问题的。然而，有理由相信，他们不过是说说而已。

举个案例：达明 · 威尔金斯。

达明——NBA 名人堂球员多米尼克 · 威尔金斯的侄子——是我们队的新秀后卫。他在选秀大会上落选，但在训练营非常努力，最终入选了球队名单，并成为我们取得成功的关键部分。正因如此，当他转述自己经纪人的话，说球队在考虑裁掉他时，我们都很惊讶。

“这没任何道理。”我对他说，“我去跟管理层谈谈。”

我们的总经理里克 · 桑德同意了。达明不会去其他任何地方。

显然，那名经纪人从某个与老板们亲近的人那里听到了消息。不过，至少这一次，里克可以按自己的意见行事。

然而，其他人还是为自己在赛季结束后何去何从惴惴不安。于是，作为领袖，我又一次觉得是时候站出来说点什么了。

“伙计们，”我安慰他们，“让我们把心思放到事业上。我们会得到应有的报酬。如果他们不想给我们合同，别的老板会这么做的。”

我的话起到了效果：大家都把焦虑的情绪放在了一边，这是因为我们信任彼此，而且我自己在赛季后也将成为自由球员，不会让队友觉得我是站着说话不腰疼。但我们最后 14 场比赛只赢了 4 场，以 52 胜 30 负收官。这可不是你希望带进季后赛的那种势头。

幸运的是，我们经过一番重整，在首轮5场击败萨克拉门托国王。接下来要对阵的是向着7年内第三座总冠军冲击的马刺。先不管充满天赋的蒂姆·邓肯、托尼·帕克和马努·吉诺比利。我脑子里想的是布鲁斯·鲍文。没有人会像鲍文那样防守我。我这么说可不是赞美。

我倒地时他会踢我，我投篮时他会钻到我下面，他还会肘击我的胃。他无所不为，就差在阿拉莫穹顶的观众面前给我来一个橄榄球擒抱了。我的队友可以运球突破，无人干扰，而鲍文不会挪动哪怕一寸去阻拦他。有鲍文在的比赛，场上只有两个人：我和他，而他的工作就是像胶水一样粘着我。我在经受一场考验，就如当年在南卡罗来纳的野球场上。如果我让鲍文的低劣战术干扰到自己，我们就一点机会都没有了。

比布鲁斯·鲍文更让我担心的是，我在年轻队友眼中看到的恐惧，恐惧他们没有资格与马刺这样的长年赢家同台竞技。

“压力在他们身上。”我告诉大家，“所有人都预计他们会赢。没有人觉得我们会赢。”

很自然，马刺在圣安东尼奥取得了前两场比赛的胜利，分别赢下22分和17分。他们打出了一贯的高水准，而我们的29次失误帮了他们不少的忙。你不能就这么把球交出去，特别是在季后赛，每一回合都非常重要。

第三场比赛，在主场观众的助威下，我们恢复了镇定——只有10次失误，最终92比91涉险过关。邓肯在哨响前投丢了一记近在咫尺的投篮。吁。

说到投丢，我那场比赛 23 投只有 6 中，这既有我自己的原因，也有鲍文采取的各种手段的功劳。杰尔姆和安东尼奥站了出来，谢天谢地。杰尔姆 7 投全中，安东尼奥得到 18 分和 8 个篮板。我们的防守非常杰出，让马刺在最后 4 分 27 秒内没有一个运动战进球。嘿，伙计们，我告诉过你们的。我们配得上跟他们同台竞技。

第四战，轮到卢克 · 里德诺了。

卢克得到 20 分，第三节单节 15 分，外加 6 次助攻和 3 次抢断，在拉沙德因左脚趾扭伤缺席的情况下，带领我们 101 比 89 取胜。达明贡献了 15 分，安东尼奥也有 19 分和 7 次助攻。系列赛回到了圣安东尼奥，大比分 2 比 2 平。

第五场，拉沙德依旧没上场，弗拉德同样缺席，我们还是紧紧咬住了马刺队——半场比赛，50 比 50。但缺少他俩，我们只能更多地依赖板凳球员，而对于缺乏在这种压力下客场作战经验的队员们来说，这或许要求得太多了。

圣安东尼奥第三节一开始就打出了一波 17 比 3 的高潮，吉诺比利命中了几个三分球，而鲍文贴我贴得前所未有地紧。我一整节一球未进，还连丢了 3 个罚球——在那之前我季后赛 59 罚 55 中。

不管怎么说，我们球队在过去一周成长了不少。回家去，我们告诉自己，保住主场，然后再来这里跟他们抢七大战一番。说不定马刺这次会感受到压力。

我们永远没机会知道了。

在西雅图，我们以两分之差落败。邓肯在比赛还剩不到一秒时，接到吉诺比利的妙传，上篮命中。我在底角得到了出手绝杀的机会，但在邓肯的笼罩下，我几乎看不见篮筐。球碰到了篮圈，但离进球还差了老远。

比赛结束了。

赛季结束了。

一切都结束了。

这就是我坐在更衣柜前的想法，就像夏令营的最后一天，大家接下去就要各奔东西。这比失利本身更让人伤心。比赛总会有下一场——当然，退役除外，但跟并肩作战的人建立起来的牵绊才是最值得珍重的。当时如此，永远如此。

杰尔姆是第一个离开的，7 月与尼克斯签约。祝他好运。他会努力训练，改正坏习惯，并配得上自己拿的每一分钱。

安东尼奥是下一个，去了奇才队。就这样，我们失去了两位核心球员，而你如果真的想冲击总冠军，就没法承受任何核心的离开。你可以修修补补，这里加一块，那里添一块，围绕别的球员打造球队，但你不能就这么失去一位核心。

除了杰尔姆和安东尼奥，那年夏天我们还失去了其他重要的人物。我们失去了内特·麦克米伦。波特兰开拓者老板保罗·阿伦给了内特一份无法拒绝的合同。我和内特关系并不紧密——说真的，我不觉得他跟任何哪位球员特别亲近，但他在自己的位置上做得非常好。

至于我自己的未来，我选择了留在原地，签下了 5 年 8000 万美元的续约合同，外加 500 万的激励奖金。

其他球队展示了对我的兴趣，其中以老鹰和快船为最，但我和香农以及我们的第一个孩子雷雷，已经在西雅图安家。我们喜欢这座城市和这里的人，想不出有什么地方会比这里更适合我们一家居住。这支球队有过令人难忘的时刻——20 世纪 70 年代一座总冠军，20 世纪 90 年代一次总决赛之旅，而我重新赢得了球迷的心，就像之前在密尔沃基那样。我完全想象得到自己生涯剩下的部分都在此度过。

总经理里克 · 桑德一开始觉得给年届三十的我 5 年合同有些太长了。他给我提供了一份数据表，论证球员一般到了 33 岁或 34 岁就不会再高效。可能吧，但我不是一般球员。

“我很欣赏并尊重你所做的事。”我告诉里克，“但你了解我的习惯。你知道我不酗酒，不熬夜。所以你应该知道，我的状态会比你刚才提到的那些人要保持更长的时间。”

他再没有拿任何数据给我看。我得到了第五年的合同。

那个月，我正好 30 岁。这通常是给球员的生涯好好进行评估的年龄，对我也不例外。

有一年，我在看夺冠队伍的全部球员名单。我必须承认自己很嫉妒。开什么玩笑，连那家伙也有戒指？但我越深入思考，越觉得得不到戒指也没有什么可引以为耻的。这丝毫无损卡尔 · 马龙、查尔斯 · 巴克利、约翰 · 斯托克顿、帕特里克 · 尤因或其他终生无冠的名人堂球员的伟大。

况且，我还有时间。

11 驶向波士顿

SHIPPING OFF TO BOSTON

助教鲍勃·韦斯接过了内特的工作。他冷静的态度正是我们队年轻球员所需要的。

你不希望的事情莫过于教练冲你大喊大叫，就像克里斯·福特那样。相信我，如果你搞砸了，你自己会是第一个意识到的。这也是为什么在把球传丢或让自己防守的人轻松得分后，我不会看向板凳席。教练，如果你不能帮助我，你就是在伤害我。

不过，在2005/2006赛季开始后，我们的失误成堆地增加，而鲍勃表现得有些太冷静了。每次我们输球，他都会温柔地说：“没问题，伙计们，我们明天再想办法。”

偶尔这么一次是挺好的，但大多数时候，我们需要的是屁股上被狠狠踢一脚。然而那不是鲍勃的性格，那是乔治的性格。这也是为什么你希望找到一位能根据情况不同，表现得或温柔或严厉的教练。道克·里弗斯是这样的，吉姆·卡尔霍恩也是如此。

与此同时，老板可等不了明天。

1月初，在30场比赛（我们13胜17负）后，他们炒掉了鲍勃。曾经，克里斯在两个赛季后被解雇，我当时觉得他没有被给予足够的时间；但这次，我觉得鲍勃做好了走人的准备，因为他相信自己已经做了所能做的一切。

不管哪一种情况，我都会责怪自己。任何一位教练被解雇，问题都在球员身上。如果我们做好了自己的工作，他也会保住他自己的。跟克里斯那时一样，我都没机会跟鲍勃道别。这就是NBA：他们炒了你，你在太阳落山前就得卷铺盖走人。

我记得，球队应该是在芝加哥时，助教鲍勃·希尔接替了韦斯的位置，并第一次对我们讲话。说是讲话，倒不如说是训话，这个混账东西，那个丢人玩意儿。鲍勃痛心疾首的样子让人觉得我们是0胜30负。“我们明天会进行投篮训练，”他说，“那将是你们经历过的最艰难的投篮训练之一。”

我感觉自己仿佛回到了康大新生年，一项练习接着一项。我们在韦斯教练手下从来没有练得那么苦，在内特手下也一样。提醒你一句，我可不是在抱怨。我们确实需要这些东西。

鲍勃有时对我很严厉，但他不会像克里斯那样大吼大叫。实际上，他还会特地表扬我。我在赛后开车回家，鲍勃打来电话。

他会说："听着，伙计，我只想告诉你，你今晚表现得太棒了。"

这对我来说意义重大。在共事过的教练中，我想不到还有谁会展现出如此的尊重。

令人遗憾的是，我们没能用更多的胜利回报他的付出。说到底，在联盟，最关键的还是天赋，而我们在这方面还不够，说得再委婉一些，我们所拥有的天赋还很粗糙。我们有两位年轻的大个子，来自法国的乔汉·佩特罗和来自加利福尼亚州贝克斯菲尔德、我们在2004年选中的高中生罗伯特·斯威夫特，他们都需要杰尔姆·詹姆斯这样的老将带着进步，而杰尔姆·詹姆斯如今在尼克斯。

失利累积如山，我们最后35胜47负，是我在密尔沃基新秀赛季之后的最差战绩。对阵马刺的系列赛仿佛已经是上辈子的事了。

如果说我没有被失败困扰，一定是骗人的，但我没有你们可能想象的那么受困。我非常喜欢一起打球的这帮人，并且深信，如果我们能继续奉献自我，就一定可以回到我们2005年曾达到过的高度，而且不需要多久。年轻而易受影响的他们，对自己并没有特别高的看法，这也会对他们有利。

鲍勃一直对我说："我不知道你是怎么做到的。你每天晚上都上场，努力打球，尽你所能，尽管我们其实没多少赢球的机会。"

说老实话，我从来没有这么去想。胜利并不只是比对方得更多的分；那同样关乎把你拥有的一切都奉献给比赛，无论面对什么对手，无论你的队友有多少天赋。很早之前我就学会了要把注意力放在你能控制的事情上，而不是那些你控制不了的东西。

举例来说，我控制不了的东西，就包括球队在西雅图的未来。

2006 年 7 月，霍华德将超音速队卖给了俄克拉荷马城的财团，而球队会在 2008 年搬到那里，并更名为雷霆队。我一直相信，超音速永远都不会离开西雅图，因为钥匙球馆有那么多充满热情的支持者。但结果证明，那些球迷只能代表很小的一部分人。或许球队在跟本地社群建立亲密关系上还做得很不够。

同样不归我控制的还有我的脚踝伤势，虽说这件事怪不了别人，只能怨自己。2001 年、2002 年时，我本应该再多休息几场比赛，而不去理会乔治对媒体说的关于我的话。由于休息不足，我脚踝里的瘢痕组织逐渐累积，痛到无法忍受。2007 年 4 月，随着球队再一次错过季后赛，我选择了动手术，去除两边脚踝里的骨刺，没有打最后 16 场比赛。

在恢复的过程中，我对接下来的赛季十分期待，特别是在 6 月跟新总经理萨姆 · 普莱斯蒂共进午餐之后。

萨姆希望了解球队的每一件事情，我也很乐意把一切都告诉他，就像过去跟科尔参议员一样。我有信心，萨姆能做出正确的操作，就从即将到来的选秀大会开始。这一次，乒乓球难得地遂了我们的愿[1]，我们得到了 2 号签，这意味着，除非有什么意外，否则我们将

1 NBA 乐透抽签使用写着不同数字的乒乓球，通过数字组合决定选秀顺序。——译注

选中凯文 · 杜兰特（KD），一位来自得克萨斯大学、绝对不容错过的前锋。事情终于在往好的方向转变了。

我和香农、蒂拉、雷雷，以及一年前刚出生的家庭新成员沃克，一起待在家里，听到斯特恩总裁正式宣布：杜兰特。哈利路亚！有了 KD、拉沙德和我自己，我们的进攻足以在狂野大西部杀出一片天来。

唯一的问题是：不是*我们*，而是*他们*。

我跟选秀夜有什么恩怨吗？就在那天晚上，超音速队将我送去了波士顿，交易德朗蒂 · 韦斯特、沃利 · 斯泽比亚克以及凯尔特人用 5 号签选中的乔治城大学前锋杰夫 · 格林。就这样，我又要搬家了。

那又怎样？非要说的话，我应该开心才对，不是吗？毕竟，他们送我去的不是什么平庸的球队。那可是波士顿凯尔特人，几乎是 NBA 的殿堂级球队。此外，我跟住在康涅狄格的家人和朋友只有一小时车程。

那么，为什么我会有如此五味杂陈的感觉呢？

嗯，第一件事，交易的过程让我很沮丧。我又一次从媒体而非球队获知此消息。

我还有种感觉，萨姆在共进午餐时引导我相信我会是他未来计划的重要组成部分。

多么漂亮的表演。他应该在好莱坞，而不是西雅图。我多么希望他能事先告诉我：“雷，我们在谈判桌上有这么一笔交易。我不知道最后会不会成，但我希望先跟你说一声，你好有些准备。”那样，我会感谢他对我的尊重，并祝他好运。我不是什么新手。我知道篮球是门生意。

此外，不管被交易到哪里，需要考虑的事情都不止为哪支球队效力那么简单。我和香农必须离开这里的朋友圈子。我感觉自己就像回到了小时候，只不过受命搬家的人是我，而不是爸爸。

离开西雅图的感觉跟离开密尔沃基很像。我都没能实现自己的目标：夺得总冠军。两次都是因为有人做了错误的决定，使得我们远离了这一目标，而夺冠的窗口期——在这个联盟本身就很窄小——很快就关上了。永远地关上了。

不过，跟上次一样，失望之情没有维持太久。我们很快就登上了飞机，前往波士顿。

前往我和家人会永远珍惜的一座城市、一段时光。

走进波士顿花园，看着头顶上伯德、麦克黑尔、帕里什、哈夫利切克、拉塞尔、库西及其他旧日英雄的球衣，我真正意识到：我真的是个凯尔特人了！

我曾经想过，1996 年的选秀夜，我接到“红头”奥尔巴克的电话，这件事可能会发生，但事实并非如此。不过，现在不一样了。

从一开始起，凯尔特人总经理丹尼 · 安吉本简直不能更热情了。丹尼解释说，得到我只不过是第一步。他还在持续寻找办法改变球队，并打电话询问我对这个或那个球员的意见。我想不出还有哪个总经理会在打造球队时这么频繁地向球员咨询信息。

丹尼的下一步是引进某个我十分熟悉的人——某个跟我一样，正在追寻第一枚总冠军戒指而且时机无多的人。我和他在孩提时代就相识于南卡罗来纳，一起坐车去哥伦比亚市，急迫地想知道自己是否能与整个州最好的球员相抗衡，一路上聊着迈克尔·乔丹、我们认识的女孩子，以及其他那个年龄有大梦想的男孩所喜欢谈论的一切。

没错，凯文·加内特。

这么多年过去，我和凯文依然都很尊敬对方，尽管我们往来不多。我时常有种感觉，因为他比我早一年进联盟——他高中毕业便被明尼苏达选中，所以他觉得有必要提醒我，他是老手，而我是新兵。他经常告诉人们说，小时候我曾让他跑腿，到街角的小店买佳得乐什么的。这不是真的。

“我们那时候哪儿买得起佳得乐。”我跟凯文说。

我加入凯尔特人后，他很快就给我打来电话。波士顿和明尼苏达之间的谈判正在升温，而凯文对此有许多认真的担忧。在波士顿打球跟在明尼苏达很不一样。他渴望更大的舞台，而现在我们将一起经历。

“老兄，我不知道怎样才能起作用。”他说，“我必须好好提高自己的赛场表现。”

凯文的赛场表现绝对没有任何问题——2006/2007 赛季，他场均 22.4 分，以及联盟最高的 12.8 个篮板球，但 NBA 球员不是机器人。我们同样时不时地会产生怀疑。

“你只管做你一贯做的，一切都会顺利的。”我向他保证。

很快尘埃落定：凯文正式加盟凯尔特人。丹尼跟他 20 世纪 80 年代的队友、森林狼副主席凯文·麦克黑尔完成了这笔交易。

凯文、效力凯尔特人多年的球星保罗·皮尔斯，再加上我，组成了新的三巨头，比起密尔沃基的三巨头要强力得多。球迷们都很激动，意识到有机会拿下球队的第十七面，也是20多年来的第一面总冠军旗帜。我不想降低任何人的期待，但我还不准备现在就预约博伊尔斯顿大街的夺冠游行。从我的经验中，我知道，有太多事情可能出错，而且猝不及防。

或许最好的例子要数2003/2004赛季的洛杉矶湖人。那年，他们在已有沙克和科比的基础上，又召来了未来名人堂成员卡尔·马龙和加里·佩顿。说真的，这么有天赋的一支球队怎么可能拿不到总冠军？很简单。在总决赛，他们遇上了底特律，一支相当难啃的球队，由拉里·布朗执教。结果：活塞队4比1取胜。

你看，凯文话有所指——事情怎样才能起作用？——这毫无疑问关乎我、他和保罗如何适应各自的新角色。三个自我，一颗篮球。很简单的数学题。

只有一个办法。

“这是保罗的球队。”我和凯文马上告诉道克·里弗斯教练，“我们到这里来是为了帮助球队变得最好。他是队长，我们不准备侵犯他的地盘。”

至于我和凯文之间的关系，完全是另一回事情。我们不再是少年了：我们是男人，有着不同的习惯和性格。10月初，球队去了罗马，要在那里打几场季前赛。我的医生建议我再多休息一段时间，因为我还处于踝部手术的恢复期，但我已经等不及要跟新队友合练，看看自己融入得如何。

不大好。我跟凯文。

事情一开始很单纯：在我们第一场比赛开赛前，我在自己的更衣柜前运着球。从我记事起，我就一直会在比赛前运球。没有一次有任何人提过反对意见，直到那一天。

“你还要这样多久？”凯文问。

“怎么样？”我回答道。

“运球。你要一直这样？”

“是的，这是我做准备的方式。我们马上要打一场篮球比赛了。”

我俩都分毫不让。如果一间更衣室有两个大佬时，事情就会变成这样，两个人都决心把自己的意志强加于对方。作为建队基石球员，我们都习惯了按自己的意思行事。

“不，你不能这样做。”他说。

“你不能告诉我该做什么。”我跟他说，“你做你的，我做我的。”

唉，两个已经长大的男人还能再变回少年吗？与此同时，其他队员都一言不发，不过他们肯定在心里嘀咕：这么搞可不行。他们很好奇，哪一个大佬会先让步。

结果是，我。我意识到，你必须为了全队的利好而不时放弃一些东西。我还有一种感觉，这个赛季对我们所有人来说都将是个挑战。

从那时起，我尽可能地严守自己的固定程序，同时尊重其他人准备比赛的方式。比赛开始前的几分钟，我必须十分小心自己。我会在人群中听着道克或其他助教的嘱咐，然后，在我们散开走向球场时，凯文会用力挥舞手臂。如果我靠得太近，他还会狠狠地撞我。他对所有人都是如此，这动作蕴含着让人无法忽略的信息：

别挡我的道！这是我的地盘！

上帝保佑你不要成为他的对手，不要说任何惹他不开心的话。

就像 2007/2008 赛季一场对阵公牛的比赛。在凯文命中一记招牌式的后撤步跳投后，公牛新秀中锋乔金 · 诺阿对他说："嘿，大家伙，那招真漂亮。你一定得教教我。"

诺阿的话没有任何毛病。球员们，特别是新入联盟的，总是希望能听到一点实用的小建议，来提高自己的赛场表现。诺阿很尊敬凯文。但凯文不准备教他任何该死的玩意儿——除了学会下次不要再试图恭维凯文。

"滚开。"他告诉诺阿。

我忍不住大笑起来。女士们、先生们，这就是 KG。如果你是他的队友，他愿意为你而死。如果你不是，他连现在几点都不愿告诉你。

这也是为什么我从大学到 NBA 有过那么多队友，如果只能从中挑一个一起打球，那一定是凯文 · 加内特。其他人根本比都不能比。

不是因为他能用得分、篮板、盖帽、助攻、抢断填满数据表，也不是因为他能打三四个位置，而是因为他从来不对任何一场比赛松懈。不对任何一个回合松懈。我找不出第二个这样的队友，而且我还跟许多顶级球员同队过。

不过我必须告诉你的是，我跟他一样认真。唯一的区别是，我不会将其外露。有什么必要呢？你并非一定要撞击别人，大喊大叫，或永远皱着眉头，来证明自己的认真。你可以献身于自己的技艺，夜以继日，以此作为证明。如果别人意识不到你的认真呢？你自己明白，这就够了。

现在回想起来，虽然后来我俩之间逐渐有问题浮出水面，但有些事情是我和 KG 一开始就应该告诉对方的，而且我们不是没有这样的机会。

一天，去罗马之前，我们在波士顿一家牛排屋共进晚餐。我们聊到长期在弱旅效力的经历对我们生涯造成的损伤，以及对赢下一枚戒指的渴望。我现在多么希望当时我们能聊些更深刻、更私人的东西。比如，不管彼此之间出现什么问题，我们始终都会相互支持。

*永远别忘了，咱俩是兄弟，是相识很久的老朋友。*如果能重来，我会这么跟他说。

但现实是，那天晚上，KG 想要和我比个高低。

“我来埋单。”我告诉女服务员。

“不，”他说，“我给小费比他大方得多，所以你最好让我来埋单。”

没必要跟他争下去。但让我惊讶的是，他觉得有必要表现得比我更卓越，哪怕是在这么小的事情上。我们之前从未一起吃过晚饭，他怎么知道我给小费大不大方？

或许，如果我们说了我希望我们能说的那些话，我们本可以好好地笑一笑——*看，我们已经在比个高低了*——并决定各付一半。然后，我们后来出现更大的纷争，比如运球事件时，或许我们也能巧妙地处理。

不过，我们有一个共同点，就是愿意做出牺牲。对我来说，这意味着我不会再像2000赛季到2007赛季每年都做到的那样，场均稳定20分以上。没问题。那些得分到底给我带来了什么？一次总决赛之旅都没有，我可以这么告诉你。

不管怎么说，不再是第一选项还是会让人感到不习惯。在西雅图，我场均出手大约19次。相比之下，在波士顿首发的前5场比赛，我场均出手13次。过去，我可以任意出手让自己找到好的投篮节奏，而现在，我必须更耐心地挑选，等待第一个最好的投篮机会。你知道，我的目标是永远保持50%以上的命中率。迈克尔·乔丹就有如此高效。人们说迈克尔投了很多篮，没错，但他整个生涯命中率接近50%——准确地说，是49.7%。

非要说的话，我可能有点太过无私了。一开始事情并非如此。每当我有一个不错的三分球机会，我就会出手。然而道克会在下次暂停时对着我的脸大吼。

“你看到凯文·加内特在阻区，”他说，“你就把球给他。”

无意针对KG——他总能自动出现在禁区，但在我生涯的这个时期，在类似的情况下，其他教练总是鼓励我出手投篮。而我也是这么做的，不管谁在阻区都一样。有几年，我的三分命中率达到了40%以上。此外，如果我把球传给KG，他会马上再传回来，然后出来为我做挡拆。有时候我们不得不叫他更多地出手。

赛季开始后，道克见识到了我为准备每场比赛所付出的巨大努力，于是逐渐同意我如此出手，乃至鼓励我这么做。三分球变成了我们的一件武器。

“你们有 NBA 最好的投手在队里。”道克告诉其他人，“把球给他。我不在乎雷 · 阿伦是否选择出手。”

但我还是没有得到足够的触球机会，这让我很沮丧，尤其是在经历低潮的时候。通常来说，在这种情况下，教练会布置一个战术，让球员找找感觉。看着篮球落入网袋，哪怕就一次，也足以让你的自信心迅速恢复。但道克总是在给保罗 · 皮尔斯布置战术。

“我们得让保罗找找感觉。”他会这么对我们说。

我多么希望他能时不时地说一句：“我们得让雷找找感觉。”毕竟，我是他们指望能用三分或罚球击败对手的人。

“马里亚诺，我们需要你。”我的队友们会这么说，把我比作纽约扬基队的明星救援投手马里亚诺 · 里韦拉，“上场去，进一个球吧。”

我确实做好了准备要这么做，但如果我能像里韦拉那样热热身，而不是很长时间都接不到球，事情就会变得更容易。在西雅图，我很少在第四节罚丢球。大部分进攻回合都有球过手，这让我能保持节奏。

现在回头看，我本应该更早地跟道克谈谈我的担心，正如我同样等了太长时间才去跟乔治谈话。没有人会为你说话，如果连你都不肯为自己说话。而我的犹豫足以说明，赢得总冠军对我来说有多么重大的意义。我不希望自己因为破坏了我们辛辛苦苦建立起来的和谐气氛受到指责。我不希望成为安东尼 · 梅森。

出于同样的原因，我很谨慎地处理跟保罗的关系。

我和保罗的共同点要少于我和KG的，特别是在对待比赛的态度上。在跟勒布朗或凯文·杜兰特等顶级球员对位时，他会保持专注。但如果他要防守的人不属于精英行列，就不一定了。

“我今晚可以放个假了。”他会这么说。

保罗显然是在开玩笑，但即使说说也足以让我感到很不爽。因为你永远不知道，这样的心态是否会影响他的表现，并最终让我们付出输球的代价。我们正在为整个季后赛的主场优势奋斗，任何一场比赛都可能产生影响。

一次，他试图让我也那么想。

“嘿，雷，你今晚可以放个假了。”他注意到我要防守的球员不太有名，便说道。

“不，我可不会。”我断然道。他再没说过一个字。

没有哪名球员应该在任何一场比赛中放假。哪怕是NBA最差的球员，也一定打得很不错，所以才能进入NBA，这意味着他有潜力在某一场比赛将你击败。如果你觉得自己在与顶尖球员对位时需要特别认真，你在对上其他人时显然还不够努力。

随着赛季深入，我很高兴看到自己和KG对保罗产生的影响。看到我们日复一日地练习投篮和健身，他开始更严肃地为比赛做准备。他不再开玩笑说今晚要放个假。进入第四节，如果我们需要一个进球，保罗会是道克最信赖的人，这不是没有原因的。他总能在关键时刻实现放过的狠话，在这一点上无人可比。

我们的控球后卫是拉让·朗多，我跟他的关系简直好得不能再好。

他就像我的小老弟，在我家一待就是几小时，咨询合同和其他的商业问题。我成了他的导师，一个我十分期望承担的角色。我知道，朗多越成功，我们球队也会越成功。

他不是世界上最好的投手，但这无法阻止他拥有巨大的球场影响力。朗多是个特别的球员，他擅长找到处于空位的队友，助其轻松得分，也能溜进禁区，在比他高十几厘米的对手头上摘下篮板球。这是他的第二个赛季，这孩子的未来没有上限。

朗多很自信，这点毫无疑问。可能有点太自信了。在对他进行调查时——我发现，尽可能多地了解新队友是一件十分有帮助的事情——我看到一则采访，问他是否为能跟保罗、KG 还有我同队感到激动。朗多的回答让人印象深刻：他们必须习惯跟我一起打球。

哇哦。事后看来，考虑到我们的关系如何崩盘，我或许当初应该对他的话多留点意；但那时候，我认为这展示出了一种朝气，那正是你希望在年轻球员，特别是为球队奠定基调的控球后卫身上看到的。

我们的中锋是肯德里克 · 珀金斯（珀克）。珀克不怵任何人。你被自己要防守的人过了，他就会在禁区现身，为你补救，正如 KG 所做的那样。

然后是我们的替补，足以跟联盟任何球队的替补相媲美：我们有能得分的家伙，比如埃迪 · 豪斯；我们有能阻止对方得分的家伙，像詹姆斯 · 波西和托尼 · 阿伦。看到詹姆斯像猎狗般紧咬对手不放时，我第一次意识到防守是一件多么有技术含量的事情。

多年以来，我在进攻端表现得如此优异，以至于没有一任教练把球场另一端的高难度任务指派给我。如今我希望他们能这么做。我生涯的一大遗憾便是在防守端没能做得更好。我总觉得自己投入了许多努力，但没能掌握诀窍，比如身体应该始终保持怎样的姿势。我可以滑动双脚，截断传球角度，但我不知道手臂和上半身该做什么。

不要弄错我的意思。我不是个防守漏勺。绝对算不上。

2001 年对阵费城的季后赛，我对位防守艾弗森，能有多强硬就有多强硬。我熟知他的招数，尽力保持在他的身前。他得到不少分，场均 30 分，但只投出了 34% 的命中率。他不是我们输掉那轮系列赛的唯一原因。

而现在，我终于遇上了一位把防守放在第一位的教练道克，以及一位防守排在联盟顶尖的队友 KG。在他们的指路下，在不断的训练中，我在防守端付出了前所未有的努力，并获得了回报。

“我们必须成为 NBA 防守最好的球队，”道克告诉我们，“而那可以帮助我们赢下总冠军。”

说起来，我和 KG 在赛季前都觉得道克是个很大的未知数。我们知道他是个好人，但不清楚他是个怎样的教练。很多前球员都没能成为顶级教练。KG 最担心的是训练营会有多少跑步练习。我们都经历过让我们跑到死的教练。那时候我们的身体还年轻。

道克一上来就让我们安了心。

“你们都是老将。”他说，“我知道你们付出的辛苦。不会有太多的跑步练习。”

他在赛季开始同样通情达理，设法保证我们的能量。如果我们在周一和周二都有比赛，而下场球在周四，球队在周三就不用训练，周四也没有投篮练习。他明白在第四节体力透支是种怎样的感受，而大多数比赛的输赢都取决于第四节。

我们的休息状况如此重要，道克专门找了一个睡眠医生，在我们的头上装备工具，以观察我们的睡眠是否充足。不同于我待过的其他球队，在这里我从来没见过训练馆有谁在打哈欠。许多教练都认为，我们很有天赋，运动能力强，因此无所不能。要真是这样就好了。事实上，与其他人一样，我们的身体也会疲惫。训练完回到家，我也需要打个盹。

道克把我们当人对待。比如说，我们的训练日程。他会询问我们希望在什么时间训练。他不会上来就告诉我们时间，而其他教练只会直接通知你。

他们会通知你什么时候训练，什么时候投篮练习，什么时候上大巴车。他们通知几乎所有事情。相信我，这一点也不有趣，尤其是你已经在联盟待过一段时间。你会觉得自己仿佛回到了初中时代。所以，当我们获得更大的话语权后，我们不再觉得自己是在给老板打工的劳动者。我们感觉自己成了主人，而这会带来很大的不同。一旦你觉得自己是某项事业的一部分，你会很努力地工作，以推动其成功。

跟所有运动项目的顶级教练一样，道克还致力于对我们的大脑施加影响，想方设法让我们团结一致。

球队启程罗马的前一天，他让我、KG 和保罗早上 8:00 准时到他波士顿的公寓见他。嘿，道克，恕我直言，就不能等到第二天，或者早上迟一点的时候吗?

显然不能。8:00,我们三人到了那里,然后,一艘水陆两用的鸭子船在我们面前停下。爱国者队和红袜队在冠军游行时会坐上这种船。

上船,道克说道。他没开玩笑。船上只有我们几人,我们慢慢地驶过临近的街区,然后开下堤岸,进入水中。他没有多等,直截了当地说出了自己的想法。他一贯如此。

“这是我们今年年底要做的事情。”他说,“你们有必要知道那是什么感觉。”

我不知道KG和保罗对这趟出乎意料的城市一日游有何感想,但我觉得这主意真是太棒了。

篮球是一项事业——我这么说没有别的意思,但有时你不得不像老话说的那样,像孩子一样重新感受它。道克明白努力训练和开心快乐之间的平衡点。如果我们连输好几场,他会取消训练,带我们去看电影,或做点别的什么,让我们的心思远离比赛。

我见过的大部分教练绝不敢这么做。他们按部就班,从训练营的第一天起,直到赛季的最后一天。

休息?你们这些家伙不需要休息。你们需要更刻苦地训练。明早提前一小时来训练房,准备好加练跑步。我不在乎我们必须在这里待多久——我们会把事情往好的方向扭转!

这样的强硬手段或许能奏效一天、两天,但不会持续整个赛季。别忘了,我们可不是机器人。

坐在鸭子船里，我感觉自己正在参与一项意义远在我个人之上的事业。

倒不是说我在密尔沃基和西雅图没有这种感受。区别在于，在这里，在波士顿，有这么一位教练、这么一群队友，还有那些球迷，这种感受前所未有地强烈。我们的任务是夺得总冠军。我的教练引导着我们，看向更远的未来。

我们能成功吗？尚未可知。可能会有起伏，可能不会。有人可能受伤。有人可能失去专注度。你所能控制的只有那么多。

不过，这支球队既然有资源给我们安排一趟鸭子船之旅，就证明他们有资源再策划一次总决赛之旅，然后在 6 月再坐一次鸭子船。

当务之急，出发前往罗马，在那里我们以多种方式建立起了互信。我相信，如果待在波士顿郊外沃尔瑟姆的训练基地，这是不可能做到的。与家人和朋友分隔，我们不得不把更多的时间花在彼此身上。你跟队友在一起待了很长时间，你觉得你了解他们。不，你其实不了解。但离家在外，没有必须回的地方，你才会真正了解队友们是什么样的人，想要什么东西。

我们在著名的西班牙阶梯上坐了几小时，什么也不干，只看人们来来去去。我和往常一样，非常好奇，于是在第二天借了辆踏板车，停在酒店外。每天训练结束后，我都会骑车到处转转，看看罗马人工作和生活的地方，而不只是景点。

离开罗马后，我们飞往伦敦，打了一场季前赛，然后回到美国。

我们在外面游历了 2 周，虽然时间似乎长了些，但感觉不错。这使我们成长为一个团队。

2007/2008 赛季即将开始。在我生涯中，第一次，人们期待我们能做到一些特别的事情。

我也有同样的期待。

12 新年戒指

RING IN THE NEW YEAR

在波士顿的揭幕战是我永远难忘的一场比赛。球迷们的助威声比我待过的任何一支球队都要响亮，而这种响亮持续了整个赛季。每个晚上，包括那些我们显然没能排出最强阵容的夜晚，他们自始至终无比忠诚，期待我们赢下或许不配赢得的胜利。

“他们一直这样吗？”火箭队的特雷西·麦格雷迪问过我，“我感觉自己像在打季后赛。”

不只在比赛中，闲逛、给车加油，或者陪家人出去吃晚饭时，我都能感受到来自球迷的支持。

“嘿，我们只想让你知道，我们都支持你。”他们会说，“加油！”

波士顿花园的球迷非常狂热，他们会在比赛开始前至少半小时到场。他们喜欢看我们和对手球队的热身。你甚至担心，比赛会为了他们推迟开始。然后，一旦比赛开始，他们就觉得自己的任务不只是为好人一方加油。他们试图恐吓坏人一方。你们不受欢迎，我们希望你们永远牢记这一点。

我难以想象一个凯尔特人球迷说：“我到不到现场看球无所谓。”不管是坐在场边还是最后一排，他们都认为自己必须和球员一样，每个晚上都拿出最好的表现，否则就会让我们失望。

老兄，他们真的很懂球。什么都逃不过他们。

要是在比赛末段打了一个有问题的战术，你就会听到球迷们的质疑，不管是在球场上还是在城里遇上。我是球队最好的罚球手，但时不时地为了让保罗保持节奏，我们都同意在对方技术犯规时让他上罚球线。

“为什么不让阿伦罚？”球迷们会问。

连他们的声音也不同于我所熟悉的一切。噪音不断升高，升高，一切开始震颤，让你觉得整座球馆都要崩塌。

说起来，我一直听说，波士顿是座种族主义色彩浓重的城市，黑人运动员可能会感到不受欢迎。我去过全美许多城市，哪里都存在种族主义，不管你是否愿意相信。白人们住在一块地方，黑人们住在别处。我认为，波士顿的坏名声来自 20 世纪五六十年代比尔·拉塞尔和其他黑人球员在此经受的艰难时刻，当时的 NBA 几乎是一个白人联盟。

时间并没有改变太多东西。看看2017年春天发生的事吧：芬威公园的球迷冲着巴尔的摩金莺队外野手亚当·琼斯高喊“黑鬼”。红袜队必须采取一切必要措施，避免类似的事情再度发生。

揭幕战，我们103比83击败了华盛顿奇才，保罗得到全队最高的28分。另一方面，KG无处不在：22分、20个篮板、5次助攻、3记盖帽、3次抢断。我添上17分，包括两记三分球。

一场比赛不能说明任何问题，但我们显然有种感觉，今年的这出大戏一定能一炮而红。我们不是来找乐子的，我们是来拼命的。

垃圾话不是我们的风格。奇才队的年轻控卫吉尔伯特·阿里纳斯曾吹嘘说，他、卡龙·巴特勒和安托万·贾米森才是最好的三巨头。我们无须回应，场上自见真章。

下一场比赛，我们在多伦多98比95击败了猛龙队。我命中了凯尔特人生涯中第一记关键球，在加时赛最后2.6秒射入底角三分。那天我进了7个三分球。

我和KG加入波士顿之前，多年以来，对方球队在比赛末段总会逼迫保罗出手。而现在，每一天，防守球员都没法确定最后一球由谁来投：保罗、KG，还是我。如果他们包夹我们当中任意一人，我们就会找到另一个被放空的家伙。

这让我想起在赛季开始前，我们三人跟波士顿一位写手的对话。

“我有个问题，希望你们回答，同时回答。”她说，“最后一球谁来投？”

我说：“有空位的人。”保罗说：“雷。”KG说：“他俩中的一个。”

让我震惊的是，我们的答案跟一年前或者之前任何一年，是那么不同。而在过去，我们都会不带任何犹豫地说：“我。”那么说没有任何问题。

我们一路高歌猛进，又连赢6场，8胜0负，然后在客场102比104不敌奥兰多魔术队。大约一周后，我们前往克利夫兰，迎战骑士。

常规时间还剩23.1秒，比分92平，我走上罚球线，罚2个球。没问题。第一球进了……弹出！什么？我怎么会在这样的时刻罚丢？

不过，我的错不在于罚丢第一球，而在于罚第二球时还想着第一球的事。

因为对自己不满，所以我没有专注于自己的固定动作，如你所知，固定动作在这项运动中就是一切。在罚球时，我会站到正中，右脚牢牢踩实，对着空气模仿自己的投篮动作，然后从裁判手里接到球，转一转，运三下，再转一下，接着出手。

每一次。每一地。这是我让自己摆脱可能的紧张情绪的办法。

我又罚丢了。

我们最终在加时赛落败，104比109。勒布朗得到39分和13次助攻。你能想象，我十分沮丧，但这也给我好好上了一课：不要老想着错失的罚球、投丢的三分，或者没能发现的空位队友，这没有任何好处。比赛瞬息万变。你的脑子必须跟住，否则就会被甩下。你要做的是专注于下一记罚球。下一个三分。下一次传球。

那天晚上我还学到了另一堂课。我凭什么相信自己绝不会罚丢球？我并没有百分百的命中率。我的命中率是 90%。这意味着罚十次就会丢一次，而碰巧就是这次。

课上完了。该往前看了。

不过，第二天早上，我收到前队友萨姆 · 卡塞尔的短信。他如今效力于快船队。

“我不会投丢那些罚球的，雷亚伦，雷亚伦。”他写道。

我了解萨姆，他的短信并没有让我感到不爽。他是正确的：他不会罚丢那些球。

两天后，我们开启了一波连胜。我们先是 104 比 59 大胜尼克斯，把他们的投篮命中率压制在 30%。他们没有一节比赛超过 18 分。然后我们只让热火拿到 85 分、骑士拿到 70 分。12 月，我们只输了一场，在花园以 2 分之差输给活塞。1 月初，我们 29 胜 3 负，与 1996 年的公牛队一模一样，他们后来取得了创纪录的 72 胜。

不过，相信我，赢球并不是那么必然，只是我们让它看起来很简单。每场比赛都像超级碗，每支球队都渴望爆冷逆袭，想在长达 82 场比赛的赛季里始终保持锋芒，这几乎是不可能的。

要好好谢谢道克。他知道如何激发我们的动力，时常引述经典，写在墙上，或者钉在我们的更衣柜上。马丁 · 路德 · 金纪念日，我们讲述了金博士所做的事情如何帮助我们每一个人走到现在。在我效力的教练中，道克是第一个不只关注篮球，他还关注如何让自己的球员成长为人。

我最喜欢的一段话来自西奥多·罗斯福1910年的演讲“竞技场上的人”：

荣誉不属于批评者；不属于那些指出强者如何跌倒或者行动者如何做得更好的人。荣耀属于那些真正站在竞技场上的人，他们面庞上沾染着灰尘、汗渍和血污；他们英勇无畏……在最好的情况下，他们最终得偿伟大成就的胜利；在最坏的情况下，他们会倒下，但至少他们怀揣着巨大的勇气倒下，因而那些从不知道胜利或失败滋味的冷漠而胆怯的灵魂将永远无法与他们相提并论。

选择权在你。你可以选择成为肯尼，那个说我无法进入初中校队的孩子；或者山顶高中那个告诉别人我会成为酒鬼的队友。

或者，你也可以选择怀揣巨大的勇气，无论你从事什么行业。每次我听说某个人在大众眼中饱受批评，我都会想：至少那人愿意赌上自己的声誉，而你们这些批评家，什么时候能有这样的胆量？

几乎每天我都跟他人分享“竞技场上的人”，这段话对我非常重要。我还对道克有一年季后赛给我们放映过的一部影片记忆深刻：“克鲁格之战”。这场战役发生在几只狮子、一群水牛和一条鳄鱼之间。划重点：如果我们各自为政，就没有任何机会。但如果我们紧密团结，就可以战胜任何对手。

早些时候，出于同样的原因，道克给我们介绍了一种哲学，“乌班图”，其践行者不是别人，正是纳尔逊·曼德拉。

其核心在于，尽你所能成为最好的你自己，你周围的所有人也尽其所能成为最好的他们自己。“乌班图”成了我们那个赛季的口头禅。在登场前，我们会围成一圈，举起手臂，提醒自己不是为了个人的荣誉，而是为了彼此而战。

“乌班图，守护我们的兄弟。”我们会大喊道。

道克还找来了一位南非篮球队的领袖。他告诉我们，在他所处的社会，人们总会想办法帮助那些有需要的人。

1999 年就进入联盟的老将詹姆斯 · 波西同样有自己的办法激发我们的动力。

他要做的是给我们展示我们其他人没有的东西——他的总冠军戒指。在训练中，道克会把主力分成一队，替补是另一队。詹姆斯属于替补队，而他总会一遍遍地说着同样的话。

“没关系，反正他们也没戒指。”他会说。他在 2006 年随热火队夺得了总冠军。

他只是在开玩笑，但一遍遍地听他说，这真的对我们产生了作用。我们始终不会忘记自己在追寻什么。

3 月，我们签下了萨姆 · 卡塞尔，他在一周前刚刚被快船队裁掉。萨姆 38 岁，早已过了巅峰期，但他能投篮，能组织进攻，而这是我们第二阵容急需的。萨姆还会帮助我们克服自满心理。现在回想起来，我至少数得出 5 场比赛是因为我们大意断送的。

两周后，萨姆砍下 17 分，帮助我们在圣安东尼奥击败了马刺队。第二天，我们在休斯敦取胜，两天后又在达拉斯赢球。这就是所谓的“得州三部曲”。最后 12 战 11 胜，我们最终以 66 胜 16 负的战绩结束了赛季，锁定东部联盟头号种子和整个季后赛的主场优势。

当然，还没有理由庆祝。除了总冠军以及之后的鸭子船之旅，没有其他东西是可以接受的。

道克希望我们都明白，继续前进还需要什么。

“我们必须取消一切额外的活动。”他说，“所以你们必须看好自己。如果这意味着你们必须停止性生活，或者增加性生活，我都不在乎。不管哪样，我需要你们做出牺牲，来为季后赛做准备。”

我从来没觉得增加性生活是一种“牺牲”。不过，谁知道呢?

我们第一轮的对手是亚特兰大。老鹰队只赢了37场比赛，比我们少29场。横扫的可能性非常大，特别是我们前两场在花园分别赢了23分和19分之后。绝对没理由在这轮系列赛上多花工夫。

但还存在另一种可能性：在亚特兰大连输两场，让系列赛重生悬念。要么这支老鹰不再是我们常规赛见过的那支队伍，要么我们不再是我们试图扮演的角色。

第五场，回到波士顿，我们再度轻取对手，110比85，我命中了5个三分球。

“伙计们，”赛后我告诉队友们，“下一场在亚特兰大，我们一定得拿下。”

对于任何一轮季后赛系列赛而言，第六场都是至关重要的。假设你3比2领先，然后输了。这意味着要打抢七战，而抢七战，任何想不到的事情都可能发生。你甚至可以说，客队反倒有优势，因为每个人都预测主队会赢球。

是否真的如此？我们即将体验一番。因为第六场就像在亚特兰大的前两战：老鹰队 6 人上双，103 比 100 击败了我们。这些家伙是什么人？

现在，要抢七了，我有些坐立不安。一般来说，比赛前一夜我完全不去想比赛的事情；压力会把你逼疯。我更喜欢跟孩子们一起玩，看会儿电视，读读书，用各种事情填充自己，除了篮球。

但这次，我没法不去想。半夜时分，我给队友们发了短信，每个人都是同样的内容：

“明天让我们搞定。我们有机会。”

大部分人都醒着，跟我想的一样。我们那么拼命地努力才走到今天，迅速梦碎的想法简直无法忍受。

你对待抢七战的方式应该跟任何一场比赛相同：拼命。记住自己应该出现在哪里。不要在其他人机会更佳的时候想着逞英雄。就跟平常一样，你懂的。唯一的区别是，这不是一场平常的比赛。在这一点上你无须欺骗自己，而要借助那种紧张的情绪，打好你人生的关键一战。

任务完成。我们一上来就大比分领先，半场分差达到 18 分，稳稳地拿下了比赛。KG 发挥相当出色，得到 18 分和 11 个篮板。珀克得到 10 个篮板和 5 记盖帽。全场比分：99 比 65。

我们的下一个对手是克利夫兰骑士队，他们是去年的东部冠军，当时勒布朗只有 22 岁。我非常期待这轮比赛，因为我在常规赛对他们场均24分左右。

你不会相信在花园的第一场比赛发生了什么。我一分没得。37分钟内，我只出手了4次，没有上过罚球线。上一次我被零封还要追溯到……我不记得了。每次我运球打挡拆，都会有两个人夹击我。我们艰难取胜，76比72，但比赛过程绝对称不上完美。谢天谢地，勒布朗不在状态，18投中2，外加10次失误。

两天后，我们再度获胜，大比分2比0领先。我们再一次把骑士队的命中率压制在40%以下。然而，与亚特兰大的系列赛一样，我们在客场难求一胜，第三场输了24分，第四场输了11分。四场比赛，我们的得分都没能上90分。这在整个赛季只出现过11次

记者们在寻找答案。波士顿的记者们总是在寻找答案。

这就是为这样一支头顶上挂满总冠军旗帜和退役球衣的队伍效力所要付出的代价。他们除非跟每一个人都说过话，否则绝不肯安静。我的意思是每一个人：球员、教练、训练师、经纪人，甚至家人。最终，总会有人愿意交谈。实际上，我觉得这种监督是件好事：它让我们必须对自己的行为做出说明。

这一次，问题都围绕着我展开。4场比赛中，我36投只有12中，场均勉强10分出头。

“你会做什么帮助雷走出泥潭？”他们问道克。

我的数据很差，这不假，但原因在于对方的包夹。实际上，在训练中，我们的每个战术都会有突然的变化，所以每当对手增加一员兵力防守我的时候，我都知道该把球传向哪里。我并没有足够多的出手

次数，因此根本算不上深陷泥潭。

但道克的话让我很生气。

“雷会想办法的。”他告诉记者，“我们不担心雷。”

实际上，道克在同意记者的观点，而他本来应该说的是：

“克利夫兰想把雷从我们的进攻中排除出去，而我们会想尽一切办法让他参与进来。他这轮系列赛不需要得分。”

记者们问我同一个问题时，我提到了自己出手数的不足。这让道克很不高兴，他跟一位他相当尊敬的前 NBA 教练聊了此事。

“他（那位教练）读了你的评论，”道克告诉我，“说我必须要让你闭嘴，别再跟记者说话，让关于球队的描述保持正向。”

两天后，道克让我去他的办公室。

“你必须愿意，”他说，“自己一球不进，如果那能帮助我们赢下总冠军的话。”

我告诉他我理解，尽管我觉得这不是什么好主意。球队需要我的得分。如果这一轮不需要，下一轮也需要，以及再下一轮，如果我们能晋级的话。

但比赛要一轮一轮地打。

我们在波士顿赢下了第五场，但第六战再度告负，又一次进入抢七大战。第五场和第六场，我合计 19 投 7 中。没有给人留下深刻的印象，我承认，但也不算深陷泥潭。现在，我们又一次面临输球即被淘汰的情况。但不像上次对老鹰的抢七，这次我并没有坐立不安。我也没有在半夜给队友发短信。或许是上一次抢七赢得如此强势，让我对这一次抢七充满信心。

不幸的是，比赛大部分时间，骑士队看上去也很自信。

最后还剩两分钟时，他们 88 比 89 落后一分，拥有球权。已经得到 44 分的勒布朗投丢了一记三分球。随后，我们 2 月签下的替补前锋 P.J. 布朗命中跳投，我们取得 3 分领先。骑士队后卫德朗蒂 · 韦斯特三分不中，勒布朗近距离不中。差不多就是这样了。最终比分：97 比 92。必须赞美保罗，他得到 41 分，与勒布朗不相上下。就像我和 KG 之前说的，这是他的球队。

我在第七场只得到 4 分。不管泥潭不泥潭的，我都需要重回正轨。常规赛 59 胜的活塞队马上要来了。

这意味着要跟我的康大小学弟理查德 · 汉密尔顿再次对决。人们经常把他与我比较，特别是他绕掩护飞奔、给自己跑出投篮机会的方式。我很喜欢理查德，但他绰号“痞子”（Rip）并非没有原因。他把指甲养得 5 厘米长，如果他防守你，你在绕掩护时，胳膊就会被他又挠又抓。我发誓，他罚球时，你可以听到他的指甲在球上刮来刮去的声音。

不管怎么说，“痞子”是个很棒的球员，是那支 2004 年击败湖人夺冠的队伍中不可缺少的一员，他们 2005 年再次打入总决赛，与马刺大战七场。其他仍留在队里的人还包括拉希德 · 华莱士、昌西 · 比卢普斯和泰肖恩 · 普林斯。

活塞队知道如何赢下大场面的比赛，我们则还处于学习中。

我还是没能出现在自己该出现的地方。

第一战，我 10 投仅 3 中，得到 9 分。至少我们赢下了比赛，88 比 79。这要归功于 KG，他得到 26 分、9 个篮板、2 记盖帽。保罗添上 22 分和 6 次助攻。在第二战中，我终于爆发，16 投 9 中，但汉密尔顿、比卢普斯、华莱士以及他们的大前锋安东尼奥 · 麦克戴斯表现得更好，他们以 103 比 97 获胜。

下两场比赛将转战底特律，我们显然压力巨大。几乎没有几支球队能在 1 比 3 的情况下逆转。

后来的结果证明，输掉第二场比赛对我们而言可以说是最好的事情。

那之前，在波士顿以外的地方，我们没有拿出应有的紧迫感去比赛。哪怕在亚特兰大和克利夫兰一场没赢，我们还是打进了分区决赛。我好奇，在大脑深处，我们是不是告诉自己说：即使我们客场输球也没事儿。我们必须做的是打好主场的比赛，然后就能赢下系列赛。而现在，情况不再如此。

我们没再浪费时间，轻取第三战，94 比 80。KG 再次表现超人：22 分、13 个篮板、6 次助攻。

我猜测，运气帮了我们的忙。在热身时，我看得出事情不太正常。奥本山宫殿，联盟最吵闹的球馆之一，一点没有本应有的喧哗。那天晚上，深受底特律人喜爱的冰球队红翼队正在主场的乔 · 路易斯球馆参加斯坦利杯（冰球联赛总决赛）的第一战。人们的注意力被分散了。嘿，我们可不会放过任何有利条件。

两天后，活塞队重整旗鼓，94 比 75 击败了我们，扳平系列赛，双方又一次来到波士顿。第五场，花园前所未有的喧闹，我三分球6投5中，得到29分，球队106比102取胜。珀克同样发挥出色，得到18分和16个篮板。随后，在底特律，我们在末节一度落后10分的情况下完成逆转，89比81获胜，让对手第四节仅得到13分。

到目前为止，我们的旅途并不如我们希望的那般顺利，但我们还是到达这里，进入了一直以来始终渴望的总决赛，而现在拦在我们面前的只剩下湖人队，凯尔特人队自20世纪60年代起的老对手。两支队伍在总决赛交手过多次，如今再度相逢似乎是件再合适不过的事。

我们对自己充满信心，不过其他人似乎不这么想。媒体专家更看好洛杉矶。我们在老鹰和骑士身上各输了3场球，而湖人对阵掘金、爵士和马刺总计只输了3场。我们对专家的话不屑一顾。非要说什么的话，那反倒激发了我们的动力。

一个朋友几个月前对我说："你们的阵容看起来很不错。唯一能阻止你们得到总冠军的就是伤病。"

在第一战第三节看到保罗倒下的那一刻，我瞬间想起了他的话。保罗在篮筐附近与珀克撞在一起，在地上躺了很长时间，一直抱着自己的右腿。接着他被抬上轮椅，送进更衣室，这不是个好兆头。但我们没时间惦念保罗。不是现在。我们还有比赛要赢。湖人领先4分。

是道克让我们保持了专注力。当然是乌班图。

"那个南非人是怎么说逆境的？"道克在聚商时说，"没有什么能打倒你……逆境，你战胜它……没有什么能让我们停下。这就是为什么我们有 12 名球员。”

没过多久，比分扳平了，而观众们都站了起来。那是因为保罗从球员通道回来了，像超人一样，准备重新上场。我们最终 98 比 88 取胜。膝盖扭伤的保罗砍下 22 分，其中 11 分来自跟珀克碰撞后。我们把湖人的第四节限制在 15 分。科比 24 分，但 26 投只有 9 中。

道克是对的。防守能让我们赢得总冠军。

第二战属于利昂 · 波。利昂，来自加州大学、身高 2.03 米的替补前锋，在短短 14 分钟内砍下 21 分。我始终认为他是我们队最被低估的球员，很遗憾他生涯大部分时间都为膝盖问题所困扰。全场比分为 108 比 102。我们做到了既定目标。现在，加利福尼亚，我们来了!

第三战将在斯台普斯中心进行，我们感到些许担心。担心湖人队，当然，他们除了科比，还有拉马尔 · 奥多姆、保 · 加索尔和德里克 · 费舍尔。

我们还担心保罗。

来到洛杉矶，保罗会待在自己家，而不是住在酒店。他可能会跟球队断开联系。这可不是应该这么做的时候。我们都必须做出牺牲，道克说过。我们必须团结一致。现在比任何时候都更重要。

保罗经历了一个糟糕的夜晚——在球场上。他得到 6 分，14 投仅有 2 中。湖人队 87 比 81 取胜，避免了 0 比 3 的局面。

尽管如此，我们输球的原因并不在保罗。我们输球是因为科比，他砍下 36 分，还有他们的替补后卫萨沙 · 武亚契奇，他得到 20 分。利昂一场，萨沙还一场。忘掉那些首发吧。或许这轮系列赛将取决于哪一方有更好的替补球员。但不管怎么说，我们仍处于很好的形势。偷走下一场，我们就会把湖人送进深坑。

第四场比赛在6月12日举行。我的职业生涯已经打了1471场比赛，包括季后赛，还有101场大学比赛。没有一场比这场球更重要。

比赛的开始阶段非常糟糕，除非你是紫金球迷。湖人首节领先21分，上半场领先18分，第三节还剩6分钟时仍然70比50领先。

你无法逆转如此大的分差，特别是季后赛，还是客场作战。

每次我们落后20分时，道克总会对我们说："让我们把分差追到10分，让比赛保持悬念。"他说，对方球队会逐渐感到压力，开始犯错。

好吧！我们把分差追到10分，只用了4分钟：在保罗打成二加一后，比分变成73比64。随后我们6投5中，湖人6投只有1中。在得到本节最后10分后，我们带着2分之差进入第四节。比赛还没结束！

我知道一件事：我不会下场休息。一般来说，道克会在第一节还剩5分钟时把我换下，休息到第二节初。今晚没有时间休息。我们没法承受比分被进一步拉开。

没错，我精疲力竭。除了绕掩护跑出投篮机会，我还要防守科比。每次暂停都像重量级拳王争霸赛轮间的60秒钟。把水给我。把毛巾盖在我头上。别忘了牙套。现在送我接着去打下一轮。叮！

"如果你需要下来休息，告诉我。"道克在第四节一次暂停时说。

"不用，我可以。"我告诉他，"我明白你的意思。"

“很棒，”他说，“因为我需要你留在场上。”

我的能量大部分来自香农和妈妈，还有一些来自我们板凳席后加油助威的其他人的太太和家人。

“保持住，保持住。”他们说，“你们可以的！”

比赛只剩下5分钟，我们打出一波8比0，取得5分的领先优势。还剩40秒，我们依然领先3分，并拥有球权。再进一个球就行了。

我在接近中场处运球，萨沙在防我。我跟他已经斗了一个系列赛。萨沙打球不肮脏，不像布鲁斯·鲍文；也不会挠我，不像“痞子”汉密尔顿。但他会假摔，我对这一点毫无敬意。

“别哭鼻子了。”每次他对裁判抱怨时，我都会这么对他说，而他还会继续。

进攻时间在逐渐变少。这时候，很多人都认为我会等到最后一秒，然后出手三分。我有另一个主意。提醒人们我的突破袭篮不比任何人差。

我向着弧顶运球，有很大一片空间供我施展。没有人上来挡拆，只有我和萨沙。

一个快步向右，我瞬间把他过了，正如我在脑中计划的那样。加索尔试图阻止我，但太晚了。我左手上篮命中。分差达到5分。比赛结束了。

我不敢相信。我们真的做到了。我们在客场完成了24分大逆转！球迷们感到愕然。我们则陷入了狂喜。

然而，回到更衣室，我并没有想要庆祝。我感觉自己快散架了。

我在联盟努力打球，整整 18 年，但只有这一场比赛，终场哨响时，我完全不剩任何力气了。这并非因为我打满 48 分钟，尽管我确实想不起之前还有哪次曾这样打过；这是因为，在我生涯和生活中，引领我走到这里的一切。

我完全不知道，自己即将面临一项更艰巨的挑战，而那与篮球无关。

整整一周，我 17 个月大的儿子沃克，都感到不适。基于他呕吐、乏力的症状，我们猜测他得了流感。于是，第四战的晚上，我们请一位朋友待在酒店陪他。

他没有任何好转。两天后的半夜，香农带他去看了酒店值班的医生。看起来像病毒，医生说，可能是食物中毒。但是保险起见，医生告诉香农，最好去趟医院，别忘了验血。

医院的人认为沃克不需要验血，但没有人比香农更坚持。谢天谢地。

两分钟后，主治医师脸色惨白，告诉她说：“你的儿子患有 1 型糖尿病，如果不马上注射胰岛素，你们就会失去他了。”

我当时在自己的房间（不同的球员和太太住在不同的酒店）接到香农的电话。我听说过糖尿病，但只是在日间电视的广告看过。我不知道这对一个人来说意味着什么，更不要说是一个孩子了。

“你需要我马上过来吗？”我问。

“不。”香农说，“去打你的比赛。但一结束，就赶紧过来。我需要你。”

我放下电话，下楼到舞厅，参加赛前例行的预排，道克会把我们可能执行的套路和战术再强调一遍。我们通常在比赛场馆进行预排，但我们的酒店在贝弗利山庄，离斯台普斯好长一段路。没必要往返。我在预排时总会集中全部注意力，因为你永远不知道会不会从中发现什么重要的东西。

但这次预排不是。我的脑子想的是沃克和糖尿病，是我和香农不敢想象的未来。从前，我总以自己为每场比赛都做好准备而感到自豪，但这一次，换谁能好好做准备呢？

我没有对任何人说，直到抵达斯台普斯，我才告诉了道克。他需要知道我今天不是平常的我。我怎么可能是呢？

“我很遗憾听到这个。”他说，“我们会找人帮助你们。你的孩子会没事的。”

于是，我打了比赛。如你所料，我表现得不是很好，13 投 4 中。球队 98 比 103 告负。那场球对我来说是一团模糊的记忆。我唯一有印象的是，自己一有机会就会看向妈妈和几个朋友。沃克会没事的，他们向我保证。真的吗？我从来没有那么迅速地离开球场，我不在乎记者们会不会觉得我是因为输球逃跑。我等不及要见儿子了。他是我唯一在乎的人。

关于这种疾病，我们有太多需要学习的：怎么给沃克打胰岛素，怎么监控他的血糖值，怎么安排他的饮食，怎么保障他的生命。

另外，我们需要立刻决定，应该告诉人们什么。所有人，包括家人、朋友、经纪人，都希望我们不公开此事。我和香农不同意。我们觉得，公开此事或许对其他有糖尿病患儿的人有所帮助。你很难相信每年竟然有那么多孩子因误诊去世。所以，如果有什么类似流感的症状始终不见好转，别犹豫，赶快验血。

在我登上自己生涯最大舞台的时候，我的孩子却被诊断出了重病，这并非灾难，而是我们可以用来拯救生命的机会。

球队为我们所做的一切简直不可思议。他们第二天就联系了一架私人飞机，送我们回波士顿，还安排我们与乔斯林糖尿病中心的医生会面，那是世界上最顶尖的糖尿病研究机构。凯尔特人队表现出的关切是我和香农终生难忘的。

哦，对了，还有 NBA 总决赛的第六场要打。又一场我人生最重要的比赛。

随着消息传出，有人怀疑我是否能出战。我当然会，这很大程度上要感谢我们得到的惊人的帮助。沃克的病情好转了，可以整场比赛坐在香农的大腿上。每次望向他们，都会激发我由衷的感激，庆幸他没有被从我们身边带走。

所以我们来了。终极一战。

第一节和第二节的前 5 分钟，双方你来我往。随后，我们开始行动。

詹姆斯 · 波西一记三分。埃迪 · 豪斯一记三分。埃迪两记罚球。詹姆斯再一记三分。突然之间，领先优势扩大到了 14 分，中场时更是达到了 23 分。

不过，我们还不能放松。我们在他们的主场逆转了 20 多分，所以没理由笃定他们不会在我们的主场完成 20 分的逆转。与往常一样，保持领先的要诀在于告诉自己比赛目前是平分。这不容易，毕竟这就是人性。

“你投丢的第一个球，”我们经常会说，“会变成对方快攻的第一传。”

不管我们对自己说了什么，总之，那些话很有效果。三节过后，我们领先 29 分。现在我们只需要等待终场哨响，然后宣泄所有的情感。

全场比分：凯尔特人 131 分，湖人 92 分。将会有一面新的旗帜，第十七面，悬挂于其他旗帜边上。

那天晚上及随后的几天，我的心情都无法平静。过去的一年、过去的一周，发生了太多的事情。

我感到彻底地证明了自己。过去的每个赛季，我都会看着其他球队夺冠，感觉自己很没有价值，好像我欺骗了老板和球队所在的城市。他们付了我一大笔钱，但是，认真说，我给了他们什么回报？没有总冠军，甚至都没有一趟总决赛之旅。

现在，我终于可以坐在家里，想到老板们，告诉自己说：“我做到了你们带我到这里希望我做到的事。”第六战，我三分球 9 投 7 中，得到 26 分。

同样，我终于给了球迷一个答案。每年夏天，我都会听到同样的问题：“你们今年怎么了？”

“等着看明年的吧。”我会这样告诉他们。相信我，我自己也已经厌烦了这样的话。

我大概凌晨4:00才离开花园。有一个时刻，我、保罗和KG一起坐在更衣室，没有其他人。我不记得我们说了什么，但我记得我们的感受。那么多年的失败，然后是今天。

不过，随着日子一天天过去，我开始感到有些空虚。那不是因为沃克的病证明了篮球比起现实生活是多么微不足道——这是我早已知道的道理。更多的是因为，我过去一直相信，如果你赢得了总冠军，就会转换到某个新的、更高的地方。但现在我意识到，你还是过去的那个你，如果你不满意自己是谁，一座总冠军或其他任何成就，也无法带来改变。

赢得总冠军，我最喜欢的部分不是与队友拥抱或看球迷欢庆，而是怀抱着沃克，参加颁奖仪式。他红着眼睛，很疲倦。对于一个那么小的孩子来说，他经历了太多。但我知道他会没事的，我们会照顾好他。

几天后，我们坐上了鸭子船，这次是以总冠军的身份。看到有那么多人在这一刻欢喜若狂，我深受感染。上到高楼，下到街道，一个又一个街区，他们无处不在。

我想到了10月的那趟鸭子船之旅，只有道克、保罗、KG和我。

和今天一样，从一个街区到另一个街区。但没有人群和花车，什么都没有，只有一个梦想。

13 那么近，但是……

SO CLOSE, AND YET . . .

在队长保罗的带领下，我们拉动绳子，把旗帜升上头顶。它将永远悬挂在那里。

波士顿花园的又一场揭幕战。又一个庆祝的机会。

从 1986 年起，球迷们就在等待下一面总冠军旗帜。现在，期待成了现实，又一个赛季拉开序幕。问题来了：我们能不能再做到一次？

这是比第一次夺冠更艰难的任务，对每一项运动来说都是如此。其他队伍会学习你们的成功计划，试图模仿你们。另一项挑战在于管理你们自己的期望，无论是个人的还是团队的。你们的期望不再与过往相同。那年夏天我去找了迈克尔 · 乔丹，他的归纳最为精要。“你们很幸运。”他对我说，“赢得 1 座总冠军是运气。赢下 2 座，现在你们需要付出点什么。”

跟 MJ 讨论这一话题，我感到有些局促不安。我不属于他的级别。他有 6 座总冠军，我只有 1 座。不管怎么说，我还是听着。不然呢？

“你们需要警惕的主要问题是，你们的角色球员不再想扮演他们自己的角色了。”迈克尔继续道，“赛季结束后，他们回到家，每个人都在说他们有多棒，这些话进了他们的脑子。他们回到球队，就会要求获得更多的出场时间和出手机会。”

只有时间能证明这样的事情会不会发生在我们身上。

说到角色，那年夏天我有了一个新的角色：丈夫。

7 月 4 日，我和香农在玛莎葡萄园岛度假，突然间有了结婚的念头。一个月后，我们在 40 位亲朋好友面前许下誓言。在纽约全明星咖啡店的那一夜，我坠入了爱河，而这份爱前所未有地深切。

揭幕战当晚，我们拿到了自己的总冠军戒指，镶嵌着钻石和绿宝石。然后我们回到工作岗位，90 比 85 击败了克利夫兰。这是在没有詹姆斯 · 波西的情况下做到的，他与新奥尔良黄蜂签下了一份 4 年 2500 万美元的合同。现在，詹姆斯有两枚戒指给队友们看了。

失去能防善射的詹姆斯是一大损失，但我们的核心还在，并有着强力的替补球员——正如我们在揭幕战看到的，利昂 · 波砍下 13 分，托尼 · 阿伦再添 11 分。

11月中旬，在主场不敌丹佛之后，我们开启了一波疯狂之旅，一路连胜，直到圣诞节造访洛杉矶时才输给了湖人。这波连胜定格在了19场，创下队史纪录。我们27胜3负，与2007年的同期战绩完全一致。或许迈克尔说错了。

他没说错。

朗多、珀克，还有替补前锋“大宝贝”格伦·戴维斯，都想扮演更重要的角色。依我看，这么做完全没问题。你总希望球队能拥有具备野心的队员。KG、保罗和我有球队最大的合同以及出战全明星赛的机会。我们显然不可能告诉他们说，他们不应该追求同样的奖励。

只不过，扮演更重要的角色应该在进攻流中很自然地发生，同时还应该伴随着当初帮助我们夺得总冠军的那种牺牲的意愿。如果某个晚上，由于对位情况不同，你需要减少出手或降低上场时间，就应该这么去做。

比如说，“大宝贝”希望更多的触球机会。他拿到球，经常会在我们形成某种节奏前就出手投篮，于是道克不得不让他坐板凳。珀克也想要更多的触球机会，而我试图顺着他的意思——显然，太迁就了。别再把球传给珀克了，道克告诉我。至于朗多，他变成了一个很棒的控卫，不过他同样在寻求更重要的角色，这会改变我们2008赛季运转良好的动态体系。

因此，虽然我们在2月初41胜9负，还在继续着又一波的12连胜，但我对于球队前进方向的感觉却跟去年很不一样。队中没有乌班图。我们必须经常进行谈话，提醒大家把球运转起来，而不是只盯着自己看。每次进攻中，最后多传一次球——在这一点上没有球队比马刺做得更好——往往能为球队带来最好的投篮机会。但我们没有这么做。

然后，过了两周，我在2008年最害怕的事情，发生了。

在对阵犹他爵士的比赛中，KG在一次空接时伤到了腿。他必须停战数周。我们希望他能准备好出战季后赛，但我每次看到他都是一脸苦相，这显然不是什么鼓舞人心的信号。我们不得不在没有他的情况下展开卫冕之旅。

卫冕之旅真正开始是季后赛第一轮对阵公牛队。你没法要求更多的悬念了。4场球打进了加时赛，包括在芝加哥不可思议的第六战。大比分3比2领先，我们希望能送他们回家。

我发挥得简直不能更好了，得到29分，仅仅是上半场！比球队其他人加起来都多。

然而，我们仍然落后，57比59。我在第三节经历了一段时间的煎熬，但第四节得到9分，帮助球队打出21比2的高潮，抹平了12分的分差。比赛还剩大约2分钟，我投进了一记远距离两分球，我们取得了5分的领先优势，但公牛发起了反扑，将比分追至101平。

我们叫了暂停，还剩29秒。

道克给保罗画了个战术。在其他场合，我都不会对此有意见，因为保罗是个顶级的一对一球员。

这次我有意见。手感火热（最终全场砍下51分），我才是执行最后一投的最合理选择。相反，保罗本场比赛相当挣扎，全场13投5中。我们试图帮他找到感觉，但总会有这样不顺的晚上。

不管脑子在想什么，我都紧闭着嘴巴。还记得1994年季后赛，斯科蒂·皮彭最后两秒钟拒绝上场，因为菲尔·杰克逊让托尼·库科奇执行最后一投吗？当时迈克尔去打棒球了。拒绝上场成了斯科蒂流传下来的故事的一部分，并将永远伴随着他。顺便说一句，库科奇绝杀命中，公牛击败了尼克斯。

遗憾的是，我们没有这样的好结局。

保罗没能投中，我们在第三个加时赛落败，127比128。我不是说绝杀球让我来投就一定能进。这种事你永远无法保证，但我希望能把机会交给我。

这场失利让人痛心。再输一场，我们就得回家了。不过，上个赛季两度经历这种局面，而且最后都逃出生天，这让我们充满自信。最终我们再一次在抢七胜出，109比99击败公牛。埃迪·豪斯5投5中，包括4记三分球。

接下来的东部半决赛，我们将对阵奥兰多魔术。

在这组对决中，没有KG成了致命的问题。“大宝贝”尽了全力。他甚至为我们赢下了一场球，在第四战命中压哨绝杀，扳平了系列赛大比分。但他终究不是KG。他无法快速轮转，及时覆盖外线的希多·蒂尔克奥卢和我的西雅图前队友拉沙德·刘易斯。拉沙德和蒂尔克奥卢百发百中，我们根本不知道下一记投篮会从哪里出手。

顺便一提，那轮系列赛，他们队员做了一件我从来没见过的事情。在赛前的排队上篮热身环节，他们跳起舞，还来了一场扣篮比赛。这可是季后赛！

“他们在把比赛当儿戏。”我告诉队友。

不管是不是在闹儿戏，魔术队在花园赢下了抢七战，送我们出局。卫冕之旅就此告终。

我从来不喜欢找借口，但我忍不住不去想，如果 KG 没有伤，我们本可以冲出西部，在总决赛与湖人队再战一番——他们最终夺得总冠军。老兄，那肯定很有意思。

然后，2009/2010 赛季，令人难忘的一年，以及让人不想回忆的结局。

我们再次打出了强势的开局。6 连胜。24 战 20 胜。37 战 27 胜。KG 还是过去的那个他，朗多则在攻防两端打出了在其他控球后卫身上从来没见过的表现。尽管如此，从 1 月中旬起，我们还是遭遇了一些艰难的时刻。有段时间，我们一度 8 战 6 负。

与往常一样，道克找到了激励我们的办法。

我们当时坐在斯台普斯的更衣室。我们刚刚 87 比 86 击败了湖人队，不过没什么好激动的：科比没上场。

“伙计们，我们还会回到这里的。”道克说道，他指的是总决赛，“我要你们每人给我 100 美元，然后我们 6 月回到这里，领回自己的钱。”

每个人都给了钱，包括球员、教练、球队经理，加起来有几千美元。道克把钱放进信封，爬上椅子，把信封藏进了天花板。

“很显然，你们不准告诉任何人。”他说。

我觉得这件事太赞了。执教不仅是画战术并准确地调整阵容，执教还关乎拥有某种心态，拒绝投降，要让你的队员全部接受。既然我们已经把钱投资在了自己身上，就必须坚持到底。

几周后，在克利夫兰的酒店舞厅，他进一步向我们强调。

“这事儿能成。”道克一边向我们展示赛季剩余的赛程，一边说，“东部有谁能击败我们？有哪支球队是你们害怕的？”没人回答一个字。

他继续道：“我们不会有主场优势，所以我们必须在对方的主场取胜，以夺取总冠军。如果这里有谁觉得我们做不到，请告诉我。”

再一次，无人应声。道克说完话后，球员们都已经做好了准备，要去掀翻巴士底狱。

第一轮，我们用了 5 场球击败热火。到目前为止，一切都很棒。接下来是勒布朗和名列东部 1 号种子的骑士队。大部分人觉得我们没什么机会。克利夫兰当季 61 胜，比我们多了 11 场。

首战，骑士队 101 比 93 获胜。但第二场，靠着朗多送出的 19 次助攻，我们扳平了比分，然而很快又把主场优势还给了他们，在花园惨败 29 分。我们仿佛突然觉醒，连下三城，4 比 2 击败了他们。

下一个对手是魔术队。我们报了 2009 年的仇，同样以 4 比 2 获胜。道克是对的：这事儿能成。只剩下最后的考验：湖人队。

一定会是一轮了不起的系列赛。

抵达斯台普斯后，在训练开始前，我们显然有件东西要拿。没错，藏在天花板里的钱。道克关上了大门。

“大家都过来。”他说，“我们回来了，说到做到。”

他爬上椅子，拿出信封，把钱交到我们手上。接下来，是时候为真正的奖励而战了。

对我来说，第二战和第三战永远无法忘记，但原因天差地别。

我们非常迫切地希望赢下第二战。第一战中，湖人队 102 比 89 击败了我们，科比星光熠熠，砍下 30 分、7 个篮板、6 次助攻。如果下一场不能赢，我们将 0 比 2 落后，几乎没有犯错的余地。

我感觉很乐观，因为在面对湖人时我总是表现不错。实际上，面对西部球队时大体都是如此。西部的大个子在防守挡拆时的策略跟东部很不一样。他们会待在禁区。当我运球打挡拆时，常常会获得很好的投篮机会。对于一个投手来说，你不能要求更多了。当然，你还可以期望球能穿网而过。

第二战便是如此。我得到 32 分，三分球 11 投 8 中，球队 103 比 94 取胜。我们要回波士顿了。在主场赢 3 场，我们就可以再挂一面旗帜了——就在几个月前，还没有人看好此事的发生。

第一步，我们得先赢下第三战。但我们没有，原因在我。

数据相当丑陋——13 投 0 中，三分球 8 投 0 中——但更大的问题在于我赛前的心态。我以为湖人防守我的策略还会像第二场那样，但他们没有。每次我运球打挡拆，总有人在我眼前晃。他们不会再让我得 32 分了。

“盯住阿伦。”菲尔·杰克逊不停提醒他的队员，“别放空他。”

我本应记住自己从乔治·卡尔那里学到的东西，让比赛来找我，不要鲁莽出手。尝试中距离投篮。来个假动作，然后突破禁区。关注其他队友。做什么都行，而不是一味地投三分。只要能破坏湖人的比赛计划，逼迫他们重新调整，做什么都行。我们最终 84 比 91 输球，湖人重新掌握了主动权。

即便如此，我并没有失去自信。在这项运动中，你不能为低潮太过沮丧，或为高光时刻太过兴奋，不然，说难听点，你脑子会出毛病的。

不管怎么说，我们在第四战强势反弹，96 比 89 获胜，替补出战的“大宝贝”得到 18 分。然后我们再接再厉，92 比 86 赢下第五战，让科比的 38 分化为无用功。

重返洛杉矶，我感觉我们很有机会赢下第六战和又一座总冠军。

直到我看到保罗。

在酒店预排时，他靠着墙，看上去不是很清醒，不是他应该有的状态。我不是唯一一个注意到的人。

“保罗，集中注意力。”道克说，“我需要你。”

那场比赛，保罗得到 13 分，失误了 5 次。公平地说，我们没有人看上去很清醒，没有人在自己应有的状态。最终比分：湖人 89，凯尔特人 67。还有一则更让人头脑清醒的消息：珀克在第一节膝盖受伤，再也没有回到场上。他将缺席抢七战。

所以，现在我们来到了自己目标所在的地方。一场比赛，将决定一切。

比赛前的几小时，我像自己一贯所做的那样进行准备。我投了些篮，适当休息了一阵，排除一切杂念。道克则与往常不同，没有说任何话激发我们的斗志。他不需要。如果你竟然还需要别人激发你的斗志，以准备整个系列赛——整个赛季——最重要的一场比赛，嘿，就是你的问题了。

我们开局十分强势，首节 23 比 14 领先。半场时我们领先 6 分。然后，第三节一上来，我们打出了一波 9 比 2，49 比 36 领先。在这样一场低比分的比赛中，每次进攻都很艰难，13 分是相当大的优势了。

然而，第三节结束时，分差只剩下 4 分了。科比并没有打出自己最好的表现——他最终全场 24 投 6 中，但湖人队的小前锋罗恩·阿泰斯特无处不在，得分，抢断，点燃了他的队友和全场球迷。

比赛还剩 6 分半时，我罚中两球，帮助球队 64 比 61 领先。那是我们当晚最后一次领先。

湖人 83，凯尔特人 79。

在对湖人队员说完恭喜后，我飞快地回到了更衣室。我没法待在那里，看他们庆祝。

全员到齐后，道克让我们都安静下来，听他说话。

“你们打出了伟大的一年，伙计们。”他说，“你们可以高昂着头颅。”

他让我们最后再围成一圈。

围拢成一圈，这在篮球中是件大事，我确定你们都见过其他队伍这么做。至于我们，道克总是会说：“大家，都过来，靠在一块儿。”某个球员，一般来说是 KG，会站在中央，说一些鼓动的话。这一行为所传达出来的信息明白无误：我们是一个团队，没有任何一个人比其他人更重要。

这一次围成的圈子是我永远不会忘记的。拉希德·华莱士——前活塞队前锋，在赛季前以自由球员身份与我们签约——全联盟最硬汉的家伙之一，眼含着热泪。

“你们大家太棒了。”拉希德说，“我感激你们所做的一切。我很高兴自己能跟你们一起走过这段旅程。”虽然合同还有一年，但他告诉我们他现在就要退役。他已经奉献出了一切，什么都不剩了。我明白他的感受。

之后一周，我都心情郁结，也可能有两周。我什么都不关心，一个人坐在房间，什么也不干，只是看电视。我哪儿也不想去，什么也不想聊——不管是抢七战，还是其他任何比赛。

你可能会想，在我和香农经历了沃克的事情，意识到夺冠并不会改变你是谁这件事之后，我理应放宽自己的想法。

但不管怎么说，夺冠还是一项很重大的成就，而且机会曾在我们手中，然后飞走了。

我们的夺冠之窗即将关闭了，特别是勒布朗把自己的天赋带去南海岸，与德韦恩·韦德和克里斯·波什组成他们的三巨头之后。他们是 NBA 现在的首要话题。

不过，我们的夺冠之窗还没有完全合上。

2010/2011 赛季，我们前 27 战 23 胜，包括一波 14 连胜，直到圣诞节 78 比 87 负于魔术。我们仍然保留着 2008 年的核心，并用另一位具备总冠军经验的老将接替了拉希德的位置：沙奎尔·奥尼尔。

2月初，我们要在夏洛特对阵山猫队，我有机会在这场比赛打破雷吉·米勒保持的生涯2560记三分球的纪录。我只差3个球。老实说，我对媒体的关注感到有些不自在。篮球是项团队运动。我从来没有事先计划要打破任何纪录，这次也不例外。

太晚了。这项纪录很快就将属于我。这样的话，我希望能在波士顿打破纪录，而不是夏洛特。所以那天晚上——这件事不值得骄傲——我想办法确保自己不会破纪录。有好几次，当我在三分线外处于空位时，我不急不忙，往里运几步，改投一记两分球。整场比赛，我只出手了两记三分球，全都命中，在总三分球数上只落后雷吉一球。

几天后，主场对阵湖人时，我在首节末段命中三分，创造了新的纪录。说到雷吉，那天他在现场，担任TNT电视台的色彩解说[1]。在破纪录后，我走过去给了他一个拥抱。

两周后，在丹佛，我在罚球线附近，站在“鸟人”身边——你知道我在说谁，克里斯·安德森，高个子的白人老哥，全身都是彩色的文身。

“老兄，我看了那晚的比赛。太酷了。”他说道，指的是我超越雷吉的比赛。

克里斯的话让我很有感触。作为球员，你太专注于自己的世界，

1 美国体育届一般将解说员分成讲解实时场面的实况（play-by-play）解说和讲解专业内容、背景信息等的色彩（color）解说。——译注

忘了联盟的其他球员其实也是球迷。

我没有遗忘的一件事是自己跟拉让·朗多的关系，一度变得很糟。

2009 年，我被告知我俩可能被交易去菲尼克斯太阳，就打电话给他，说有流言称他跟丹尼·安吉不睦，而这正是引发交易传闻的原因。

“你需要去见丹尼，”我告诉朗多，“消除你俩之间任何可能产生的误会。”

我不知道他有没有去找丹尼，但后来的结果是，这笔交易没有发生。然而后来，朗多在一次球队会议重提此事。他重提了很多事情。

“我带领你们所有人拿到了 2008 年的总冠军。”他脱口而出。

球队其他人几乎是异口同声：“你什么？”

“你们每个人都对我有意见。”朗多说。

“我们没人对你有意见。”我插话道。

“你也是。”他说，直直地盯着我，“你说我是我们要被交易的原因。”

“我从来没这么说过，朗多。我只是把自己听到的话告诉你。”

这种情况变得越来越糟糕，我，或者其他人，说的每一句话，在他那儿都说不通。他只相信自己愿意相信的事。朗多的天赋无可置疑，但他作为领袖的能力是另一回事。

领袖努力训练，努力打球，日日如此，不管这天是不是碰巧有 15000 人看球。领袖们也不会将个人的数据置于全队之上。有时候，朗多会在可以轻松上篮得分的时候传球，换取一记助攻，那是他所追求的纪录。

“老哥，上篮啊。”我会对他说，“你只想着累积自己的助攻总数。”

道克注意到有事情在发生，并想找到解决的办法。2010 年还是 2011 年的某一天，他把 KG、保罗和我叫去办公室，直奔主题。

“你们必须让他进入圈子。”他说，“你们必须给他发言权。”

我和 KG 都不能再反对了。

“我们没法让他变成领袖。”我告诉道克，“他得自己去争取。”

担任朗多导师的日子已经远去。我在某个时间点变成了他的敌人，而在波士顿剩下的日子，我都将是他的敌人。

这绝非我的本意，不管是当年的乔治·卡尔，还是其他我处得不好的人。就算我不是某个球员最好的朋友，但我们依然是队友，我会尽可能地帮助他。

这也包括拉让·朗多。他的罚球有问题，命中率不到 60%。绝大部分比赛的分差小于 8 分，而每支球队一场比赛大约会罚丢 10 个球。如果朗多能将自己的罚球命中率提升到比如 70%，哪怕是 65%，都会给我们巨大的帮助。

一天训练后，我找到了机会。

“我们一起练会儿罚球吧。”我建议说。

朗多一言不发，但他的表情已经表达得很清楚了：*我不需要你的帮助*。

我走开了，再也没有邀请他一起练习。我没法帮助一个不希望被帮助的人。说老实话，我完全理解不了这件事。你有机会听取史上最佳罚球手之一的建议，为什么不听呢？

2011 年季后赛对阵热火的系列赛，我见识了朗多前所未有的怒火。我们输掉了第二战，大比分 0 比 2 落后。第二天的训练，道克还是保持着积极的态度，这并不出人意料。

“我要你们好好看看这段片子，”他说，“我们离自己的目标差得不远。我们只是犯了一些错误，输给了自己。”

然后他给我们展现了那些错误：我们没投进的上篮。我们没卡住的位置。我们没做好的换防。其中一段剪辑是朗多没能及时退防。

“朗多，看看你的身体语言。”道克说。

朗多一言不发，不再看向屏幕。他低着头，把自己的椅子转向更衣柜的方向。

“哥们儿，看片子。”道克对他说。

“去他的片子。”朗多说道，站起身，把水瓶狠狠地砸在屏幕上。我们其他人都站了起来，担心朗多冲撞道克。他当时非常愤怒。

“把他弄出去。”道克说。

朗多出去了，KG 也跟了出去，当天的训练到此为止。你一定觉得，KG 这么一个态度严正、球队第一的家伙，一定会让朗多清醒清醒。每当有队员在替补席或更衣室不停开玩笑时，KG 都会加以纠正。比如有时候，朗多训练时鞋带松散，手插在裤子里。

“年轻人，”KG 说，“你得收拾收拾自己。”

然而这次，他没有训斥朗多。恰恰相反。

“少年，你会没事的。”他说。

如果 KG 都不能让他守规矩，我们就有麻烦了，因为保罗显然不想牵连进去。“我只管自己的事情。”他常这么说。

道克也没有真正想办法纠正朗多，尽管他俩好几次——不止训练事件那一回——看上去就要动手了。一天晚上，我在酒店房间里，突然接到了道克的电话。“我们一起吃晚饭。”他说。那天晚上到场的人有我、道克和 KG。保罗也被通知，因为某些原因没来。

“有朗多，我们没法夺冠；他不是个好脾气的家伙。”道克告诉我们，“我跟老板们谈过了，他们准备交易他。”

KG 没有为朗多辩护，他知道朗多必须走人。

但朗多没有走。

本来讨论的交易是，把朗多送去新奥尔良黄蜂，换取他们杰出的控卫克里斯·保罗，但最后，道克决定，他不能对黄蜂主帅蒙蒂·威廉姆斯做出这样的事。道克曾在奥兰多执教过蒙蒂，是他的导师。

所以你可以想象我在 2011 年发现道克在计划围绕朗多打造进攻时的反应。他们的想法是，既然没法交易走他，或许可以想办法让我们的进攻有效地围绕他运转。

那是我合同的最后一个赛季，压力前所未有地大。事情发展到如此地步，以至于朗多不愿意给我传球。我绕掩护，跑出一个大空当，而他却传给了另一个方向。

“你的小老弟怎么了？”朋友问我。

不想引发流言，我回应道：“哦，他看到了更好的机会。”

但在场下，我向道克抱怨。

“是，我和助教们讨论过了。”他说，“我们必须想点办法。”

他出的主意是，让我改打替补，这样就可以跟另一位后卫、二年级的埃弗里·布拉德利一起上场。

“你会得到更多的触球机会。”道克说。

为什么，我心想，道克不直接跟朗多说希望他怎么做？难道那不是道克的职责所在吗？

“相信我，”道克总会说，“我知道自己在做什么。我已经在NBA待了超过25年了。”

“道克，我也在NBA待了快半辈子了。”终于有一次，我对他说，“你说应该如何如何，但这不意味着事情只有那么一种做法。”

现在，你可以明白为什么凯尔特人想要甩掉我了吧。在某个时刻，他们差点就真的做到了。3月初，就在交易日截止前，丹尼打来电话：“雷，你已经被送去孟菲斯。”交易的对象是O.J.梅奥，一位年轻的得分后卫。

我马上给家里打电话。香农与往常一样，镇定自若地接受了这则消息。如果我被交易去了月球，她也一定会说“没问题”，然后准备自己的宇航服。我始终不能很好地接受被交易，这点你们应该已经知道了。不过，至少这一次，我不是从媒体得到消息的。

但无所谓。丹尼又打电话来，称交易取消了。我至今都不知道发生了什么。但是，只要还在凯尔特人，我就下决心做到最好。

那个赛季直到圣诞节才开赛，原因是又一场停摆，赛程缩减到了66场。头3个月相当挣扎。我们一度8战7负。直到3月末，我们开始复苏，8战7胜，包括一场对勒布朗和热火的胜利，球队战绩升到

30胜22负。

在印第安纳，保罗和我们的另一位首发前锋布兰登·巴斯吵了一整场。我不记得事情是如何开始的，总之，保罗对布兰登说话的口气就像把他当成了孩子，而不是成年人。

“跟我说话时请放尊重。”布兰登不停地强调。

赛后，我回到更衣室时，他们还在吵，看上去就要互挥老拳。

“伙计们，想想乌班图吧。”道克说。

“老兄，我们这一年都没有任何乌班图。”朗多说。

“你在说什么？”道克回道。

然后，不知为什么，朗多突然提起了我的名字。我本来坐在一旁冰敷双脚，企图远离争吵。现在没戏了。

“见鬼，你在说什么？”我起身说。

“你嫉妒我。”朗多继续道。

“嫉妒你？嫉妒你什么？你需要停止对队里的每个人胡喷。”我告诉他，“你需要参加每场比赛，而不是有选择地打。”

我俩开始朝对方大吼。朗多表现得就像自己是控球后卫兼总经理。

“今年夏天，我会让你滚出这里。”他发誓说。

“哥们儿，我会在你有资格说这话之前就自己离开。我不陪你玩了。”

事情的结局就是这样。不过，在我们回波士顿的航班上，我从自己的位置上起身去找朗多，他在跟道克聊天。我仍然认为，我和朗多，两个成年人，可以解决我们之间的问题。季后赛还有3周就要开打，我们必须解决现有的问题。

“是什么让你觉得我嫉妒你？”我问他。

“我很强。”他说。

“这话什么意思，你很强？”

“我跟你还有 11 场比赛要打，就是这样。”

没必要再多费任何口舌。我和朗多之间的问题无法解决了。

不管怎么说，我们赢下了 11 场比赛里的 8 场，最终 39 胜 27 负，将在季后赛首轮对阵老鹰队。

第一战，我们在亚特兰大 74 比 83 落败，乔希 · 史密斯得到 22 分、18 个篮板，但这不是那天最让我头疼的事情。在比赛还剩 41 秒时，裁判吹罚布兰登犯规，接着朗多被判技术犯规。问题不大。我们当时落后 4 分，就算不被吹技术犯规，也很难扳得回来。

然而，接下来，朗多用自己的胸脯顶撞了当值裁判马克 · 戴维斯。问题很严重。NBA 会仔细调查，决定是否对他禁赛。

由于伤病缺阵，赛后我在场上接受了一个采访，然后回到更衣室。队员们在讨论那次顶撞。

“小个子，”保罗告诉朗多，“你不需要对媒体说任何事情。换好衣服，上大巴。”KG 也同意保罗的话。

“他必须说点什么。”我告诉他们说，“他必须为自己的行为承认错误。”

保罗和 KG 完全不买账。我恳请朗多，完全是出于实际的考量。

“告诉他们那只是你的肾上腺素在起作用，你不是故意顶撞他的。”我说，“你肯定被禁赛了。问题是，几场？如果你就这么走了，显得毫无礼貌，只能说明你根本不在乎。”

他也丝毫不买账。我并不惊讶。毕竟，他从来没有为砸电视屏幕道过歉，这对于我们来说是很重要的教训。

接下来，我靠近道克。

“你需要让他跟媒体对话，不然我们就会失去他不止两场比赛。”我说。

道克同意了，朗多也让了步。

很幸运，朗多最终只被禁止出战第二场，而我们在没有他的情况下扳平了系列赛。我们在波士顿赢下接下来的两场球，最终 4 比 2 击败了老鹰。

随后遇到的是费城 76 人，他们把我们逼入了抢七。抢七战，朗多成了英雄，得到 18 分、10 次助攻和 10 个篮板。当他有这样的表现时，我们可以击败任何人。我们也需要他继续这样的表现，因为我们即将在东部决赛迎战勒布朗 · 詹姆斯和热火队。我们并不惧怕，这是肯定的。

输掉在迈阿密的前两场球丝毫没有减少我们的自信心。事实上，第二战，我们在第二节曾领先 15 分，直到勒布朗和韦德的大爆发。尽管如此，我们在第四节同样上演了反攻的戏码，把比赛拖进了加时赛。看看朗多的数据吧：44 分、10 次助攻，8 个篮板。顺便一提，他打满了全场 53 分钟！

果然，我们赢下了之后3场球，包括在迈阿密的第五战，94比90获胜，大比分3比2领先。我们将再一次重返总决赛。

然而，第六战，勒布朗狂砍45分，热火在花园19分大胜。那天晚上，我记忆最深的是在比赛快结束时，球迷们高声齐呼："加油，凯尔特人！"他们在做自己所能做的一切，来给我们的下一场比赛鼓劲——在迈阿密的抢七战。就像我说过的那样，你在其他地方都找不到比这更好的球迷了。

很好，我们劲头十足，比赛在第四节开始时还是73平，但热火队甩掉了我们，最终101比88取胜。

虽然相当沮丧，但我们没有什么可羞愧的。

不，值得羞愧的是赛后发生的事情。

最后时刻，我提醒队友去恭喜迈阿密队员，祝他们总决赛对阵俄克拉荷马好运。这种场面你肯定见过很多次了，球员们在赛后与对手拥抱，就像拳击比赛结束后拳手们那样。

但这次，你看不到我的队友这么做。

"去他的，那帮混蛋！"有人说道，而他不是唯一一个这么想的人，"我不会跟任何人握手。"

我试图劝说他们别这样，但他们就这么离场了。

我们跟当年那支活塞队没什么两样。1991年季后赛，他们在被公牛横扫后，在第四战还没结束前就回到更衣室。这与他们的两座总冠军一起，永远地成为他们故事的一部分，而我担心，拒绝祝贺热火队将成为我们故事的一部分。从一个个人或一支团队的胜利中，你可以读出很多东西。而从失败中，你能读到更多。

热火队继续前进，4 比 1 击败雷霆队，拿下了勒布朗加盟后的第一座总冠军。他们的未来一片光明，而我们正好相反。我们已经让无可避免的结局推迟了一段时间，但不可能永远推迟下去。等到 7 月 1 日，周日的午夜钟声响过之后，我将在生涯中第二次成为自由球员。

12:01，电话响了。是孟菲斯灰熊队的某个人打来的。接下来几周会变得很有趣。

14 最后一站

THE FINAL MOVE

我的计划是留在波士顿。没有哪个地方能与之相比。到此地的第一天我就明白了这一点，那是 2007 年 7 月，我和家人从西雅图出发来到这里，在花园参加新闻发布会。

看到训练场馆的第一眼，我心想：*嘿，这才是一支球队。*

然而，要留下来，我必须先确认球队对我的尊重。几周之后，我将年满 37 岁，在 NBA 算老将了。生涯早些时候，我准备打 12 年，那是我的身体所能承受的极限。但现在，我已经打了 16 年，而且还将继续。所以只要球队对我好，我就会回来。

只是，凯尔特人并不急于敲定任何事情。我的经纪人一直在联系丹尼，但他每次都在敷衍，而球队则把注意力放在其他球员身上，其中甚至包括不属于我们队员名单的人——自由球员后卫贾森·特里。

最后，他们来找我时，给出的报价是 2 年 1200 万美元。考虑到联盟与我技术风格相近的球员所挣的工资，这份报价远远低于我所应得的钱。我提出的要求是 3 年 2400 万，数量可观，同时又比我当时拿的 1000 万年薪少一些——巧的是，比史蒂夫·纳什第二天从湖人队拿到的要少 300 万。他还比我大一岁！

但凯尔特人坚持 2 年 1200 万，寸步不让。

“我很不好意思，雷，但这是我们能给你的全部了。”丹尼说。

当然，一份合同的意义往往大于金钱，这次也不例外。我希望能在自己将要扮演的角色上得到保证。我已经在进攻端被逐步弱化，担心事情会变得更糟。在一节比赛的最后几秒钟，朗多不会把球传给我或保罗，而是一个人运球到永远，然后投出一记绝望的三分。我们在各节末的效率简直骇人，丹尼也清楚这一点。

“我多么希望自己能否认你说的话，但你说的是事实。”他说。

我请他去问问看，是否有理由相信，下个赛季情况会得到改善。

“我会去找道克，”他告诉我，“看他怎么说。”

我们很快得到了答案。

“道克说一切都不会改变。”丹尼说，“进攻还是会经过朗多的手，而你必须成为其中的一分子，用我们队的方式赢球。不然，你就必须选择别的地方。”

所以，让我看看自己理解得对不对：

你们希望给我更少的钱。你们希望我打替补。你们希望继续围绕朗多开展进攻。现在，请再次告诉我，我究竟为什么要签这份合同？

我挂了电话，给 KG 发短信。

“看起来我不会回到球队了。”我写道，“丹尼不肯给我钱。”

“不，事情会好转的。”他回信说，“他们会满足你的需要。”

“不，不会的。”

我和 KG 本来可以来回说上几小时，但没有必要。我知道自己知道的事，既然凯尔特人不愿满足我的需求，我意识到自己在波士顿的日子差不多结束了。

不过，是姐姐金的电话说服了我放弃最后一丝希望。“你生涯已经赚了够多的钱。”她告诉我说，“他们不尊重你。你已经不开心很长一段时间了。你一定得离开。”

金是对的。我需要仔细考察其他选项。很幸运，我有选择权。

迈阿密是一个。我会听听他们怎么说，但我有自己的顾虑，仍然痛心在季后赛被他们击败。明尼苏达是另一个。多么讽刺，这支在1996 年选了我、30 分钟后就把我甩掉的队伍，现在又在追求我了。孟菲斯——我在交易日截止前差点就去了那里——同样很感兴趣，12:01 的电话足以证明。

我最想去的球队是洛杉矶快船，他们有着充满天赋的三人核心：克里斯 · 保罗、布莱克 · 格里芬和德安德烈 · 乔丹。我计划在迈阿密跟热火队见面后就飞去洛杉矶。但快船队却担心，我在借他们抬价。

于是我联系了他们的主教练文尼·德尔内格罗。

“我跟波士顿的联系已经断了。”我向他保证，“我遭到了不公平的待遇。我不会拿你们抬价。我希望搞清楚自己的下一站。”

我不知道他是否相信我的话，但在迈阿密，我发现快船队跟另一位得分后卫贾马尔·克劳福德签订了合同。没必要去洛杉矶了。现在只剩下迈阿密、孟菲斯和明尼苏达。热火报价2年600万美元，比波士顿还少；灰熊和森林狼则最多只能给出年薪500万的中产特例。如果事情再拖下去，我就得免费打球了。

最终，我选择了迈阿密，原因很简单：热火能给我最好的夺冠机会。孟菲斯过去两年都进了季后赛，但没闯过第二轮。明尼苏达从2004年起就没进过季后赛。

我知道新英格兰地区的球迷不会满意我的决定，但我没想到他们不满的程度。他们的反应就像我是本尼迪克特·阿诺德[1]，而且这么想的并不只有他们。

“跟死敌热火队签约的雷·阿伦是个叛徒，”其他球队的某个球员在推特上说，“我这么想没错吧？”

是的，有错。但我怎么想并没有用。一旦有人这么说，其他人就会唱起同样的调子。

这些批评是不公平的，让我来解释为什么。

首先，波士顿和迈阿密不是死敌。热火连续两年在季后赛击败了

1 美国独立战争中的名将，后来倒戈英国。——译注

凯尔特人？两年可不够你成为死敌的。第二，我并不是为了钱。我拿了更少的钱。

我最大的罪过在于居然有胆主动离开。有些人之前就想让我走人，现在又是这帮人对我的离开感到愤怒。几年前，城里某有线电视台搞了一次调查投票，问球迷应该交易走哪名球员。猜猜谁的票数排第一？我给电视台的头头打电话抱怨。

“你们为什么搞这个？”我问，“我的家人都在看。他们很受伤。”

我当时觉得，今天也一样觉得，自己在任何情况下都没有什么可道歉的。

好吧，不完全如此。我后悔没有在消息正式公布前给保罗打电话。这是我欠他的，尤其是在过去 5 年共同经历了那么多事情后。KG 了解我在跟丹尼谈话后有多么沮丧，但保罗对此一无所知。不过，容我为自己说句话，当你是一名自由球员、想要决定自己未来的时候，一切都发生得太快了。

几个月后，揭幕战在迈阿密举行，我们对阵凯尔特人。KG 拒绝搭理我，这事儿也被炒作了一番。板凳席的其他人都跟我握手，祝我好运。道克给了我一个拥抱。KG 的表现就像不存在我这个人。

我伤心吗？怎么可能不呢？我震惊吗？一点儿也不。

如果他奶奶跟别的队签约的话，KG 都会对她不理不睬。或许事情发生得太快，情绪还不加掩饰。我希望有一天，我们能坐下来，互道当年在牛排屋就应该说的话。

我永远不会忘记，自己进入联盟的第一年，KG 的第二年，我们两队在季前赛相遇时，他对我说的话：

“你能相信吗？看看我们在哪儿了。”

现在我要去南方了，去另一支球队，希望还能保有当初的那种惊叹和感恩之情，在这段我热爱的生涯结束前都不会消失。

我喜欢把刚到迈阿密的自己比作一条丧家犬，由于之前在波士顿的两个赛季而伤痕累累。我发现自己很难相信已经离开了那里，不再需要参与那些注定失败的争斗。我的新队友们帮助我走了出来，他们示我以敬意，也尊重彼此。

你几乎看不出来这些人去年刚刚拿了总冠军。角色球员们出现在训练营时，并不寻求更多的触球机会，更多的上场时间……更多的一切。沙恩·巴蒂尔、迈克·米勒、詹姆斯·琼斯等老将，在我到达训练馆时就已经在那里了。迈克和詹姆斯比我做了更多的投篮练习，从来没有人会比我做更多的投篮练习。

不出所料，这股基调是勒布朗所确立的。给我留下深刻印象的不只是他的天赋，更是他向他人学习的欲望。他从不觉得自己无所不知。有很多伟大的球员都会这么想，导致他们无法再进一步。罚球是个绝佳的例子。勒布朗在罚球上有问题，他毫不讳言。

“我们得一起练罚球。”一天他对我说，“我需要你告诉我该怎么做。”我很高兴有人寻求我的帮助。我过去几年遇到的情况可不都是如此。

“你要从一开始就保持专注，”我告诉他，“尽可能提高你的命中率。如果你罚丢了几个球，你还是会有80%，而不是70%。掉到70%，就很难再拉回来了。”我指导他开发了一套新的固定动作，但一旦他罚丢了几个球，就会换回原来的动作，把球放在身体的一侧，然后出手。

“别着急。”我告诉勒布朗，“你可能做出最完美的动作，保持最完美的姿势，但还是不进，你只需继续投下一个球就行了。”

给我留下深刻印象的还有他记忆比赛一切事情的能力，而且不只是他自己的比赛。他常常跟我说起我打过的比赛细节，而我自己早就忘光了：我得了多少分，场上都有谁，我们队采用了什么战术。

不过，我最欣赏的大概还是他会不厌其烦地赞美他人。

“你们真是太不可思议了。”他指的是我们波士顿的那些年，“保罗非常强硬。”

我不敢相信。在我之前待的地方，如果你说对方球员的好话，就会被视为傻子。我总是欣赏对手的能力，哪怕我可能会从他们身上吃到苦头。与我一样，他们能走到这一步，肯定是有原因的。

勒布朗把自己当成所有人中的一个，这对于他这种地位的人来说相当罕见。球星们往往觉得应该把自己跟其他人区分开来，而这对球队的士气没有好处。我不在乎你是场均25分，还是一周只上25分钟。如果你在队里，你们就是平等的。如果你觉得自己比我们都好，我们就麻烦了。

不过，虽然他对比赛非常投入，但他也知道如何享受。我们到达酒店，还没等我把包放下来，电话就响了。

“来我房间，”他说，“我们要玩牌了。”

算我一个，我告诉勒布朗，尽管我一般来说不会玩到最后。有时候，牌局会持续到凌晨两三点，而作为队里的老人，我现在比从前更需要休息。“如果不去睡，我早上会生病的。”我告诉他们。

这就是成熟造成的巨大差异。他们不会因为我没有把闲暇时间的每分每秒都用于跟他们在一起而对我有成见。

在波士顿，不是这样。如果我选择待在家里，而不是跟其他人一起去泡吧，我就不是他们的一员。但我的情况跟他们不同，我家里有5个孩子，4个不到7岁。我和香农夜里至少要起来一次，监测沃克的血糖。有的晚上，我们还得带他去医院。这是我们的新常态，睡眠相当不足。我睡得最好的时候是在客场，同时也为香农不得不独自熬夜深感内疚。

加入某个团队，如律师事务所、学校社团、教堂合唱班，或随便什么，是一件很难平衡的事。对某个外来者而言，就更难了。关键在于，确保其他人知道你站在他们这边，与此同时，记住你自己是谁，你在乎什么。

所以一旦他们叫你出去，而你无法成行，他们不会说：“见鬼，你搞什么，全队都去了。”他们会说：“雷是我们的一员。他只是有事要做，我们理解。”

我在球场上同样很满意。这不是2007年前后的波士顿，我不再是三巨头之一。实际上，我相当期待新的挑战，将以自康大新生赛季以来再没有尝试过的方式看待比赛。与当年一样，我仍然觉得替补队员跟首发同样重要。

不过，打替补自然有不好的地方。你不能像打首发时那么轻松地找状态。你必须迅速找到比赛的节奏，而每场比赛都不一样。

你的身体需要做好调整，而这一点是热火队本来可以改善的。他们让我们跑到精疲力竭，就像我们是联盟最年轻的球队之一，而事实上，我们是最老的之一。

在波士顿，投篮练习大约持续40分钟，有时45分钟。跑一些战术，投几个篮，然后就走。我会回到家，打个小盹，然后在11:45冲澡。

在迈阿密，投篮练习大约要2小时。有一次，我忍不住脱口而出，大声道：

“见鬼，我们还要多久才能走？”

教练让我们一项接着一项地练，就好像我们还是九年级学生，在参加校队试训。接着，我们必须赶快回家，休息一会儿，然后回来参加晚上的比赛。这么奔波一天，对于一个人的身体来说有点吃不消。我对比赛日的投篮练习没意见，这是你需要的。但你更需要的是，球员们能在比赛开场哨响时，在心理和生理上都处于最佳状态。

“为什么不早点告诉我情况？”我问一位已经相识多年的队友。

“我很想，”他说，“但我做不到。我太希望你加入了。”

嘿，没有一个地方是完美的；这一点我早就明白了。埃里克·斯波尔斯特拉从来没在联盟打过球，不像道克曾征战多年，所以他并不能理解，我们这些老家伙在赛季深入时的感受。

开幕战当天，我比往常更紧张，不仅是因为我们要对阵凯尔特人。实际上，在我与迈阿密签约后，他们对我离开的看法是我最不关心的事。任何一个换过工作到其他城市的人都明白我的意思。你要担心的是给孩子找学校，找一个适合居住的地段，这才是你首先考虑的事情。

我担心的是球迷。这将是他们第一次在正式比赛看到我，他们会像任何一座城市的球迷一样评判我，这么说不是出于感伤。签下我是一笔聪明的操作吗？我会接受自己的角色吗？这个老家伙还能打吗？

第一节还剩 3 分钟，我替补登场，球迷们相当暖心地为我鼓掌欢呼。没错，这里永远不会是波士顿，但迈阿密的人始终对我很好。1 分钟后，我第一次出手就命中三分，全场得到 19 分。紧张情绪就到此为止。我们 120 比 107 战胜了凯尔特人，随后赢下了前 15 场比赛的 12 场。

2 月 1 日，对战步行者前，我们 29 胜 13 负。他们轻松取胜，102 比 89，让我们的客场战绩变为 11 胜 11 负。我们需要提高，而我们确实做到了。

两天后，我们在多伦多干掉了猛龙。然后，回到主场，击败了夏洛特。接着是火箭、快船、湖人等。那个月，我们再没有输过一场球，3 月的前 3 周也一样。3 月 25 日战胜魔术后，我们取得了 27 连胜，是联盟自 1972 年湖人 33 连胜之后的最长连胜纪录。

其他人都在讨论我们是否有机会破纪录，但我不记得我们有多在意此事。得到总冠军戒指，才是我们唯一关心的。

果然，两天后，在芝加哥，公牛队 101 比 97 逆袭了我们。你可以预期得到。对有些球队来说，战胜我们并终止连胜的挑战是这个已经输掉的常规赛季的一大动力。我们最终 66 胜 16 负，与我在波士顿第一年的战绩相同，真是令人啼笑皆非。

我们在季后赛的第一个对手是雄鹿队。他们自 2003 年我被交易后就再没赢过一轮季后赛。我们横扫了他们，4 场分差都在两位数。我为科尔参议员感到遗憾，他在一年后出售了球队。

下一个对手是公牛队。有赖于后卫内特 · 罗宾逊的爆发——27 分、9 次助攻，他们以 93 比 86 在客场击败了我们。但我们第二场重整旗鼓，大胜 37 分，接着一鼓作气，赢下了之后的 3 场。

接下来是步行者队。在第一战我们很幸运地涉险过关，勒布朗在加时赛压哨上篮绝杀。第二战就没那么幸运了：步行者队 4 分险胜。

在常规赛，主场赢球对我们来说是理所当然的事（37 胜 4 负）。如今不再是这样了。

不过，感谢尤多尼斯 · 哈斯勒姆 17 分和 7 个篮板——这是他在球队的第十年——我们在印第安纳赢下了第三战，最终在抢七战胜出。

我重新回到总决赛的舞台，6 年中的第三次。没有一次是我认为理所当然的。别忘了，在我生涯的前 11 年，我一次也没有进过总决赛。2001 年抢七输给 76 人时，我自信自己很快就能打进总决赛。

但我花了 7 年时间。

站在我们面前的是马刺队，他们上一次夺冠是 2007 年。对这样一支球队来说，那算得上是一段干旱期了。除了他们的无私，总能让我感到震惊的还在于他们如何一个又一个赛季地保持蒂姆·邓肯、托尼·帕克、马努·吉诺比利的三人核心。

第一战在迈阿密，我们再次失手，88比92不敌圣安东尼奥。勒布朗奉献了又一场伟大的表现：18分、18个篮板、10次助攻。邓肯也拿出了他最好的状态：20分、14个篮板、3记盖帽。现在，第二场毫无疑问是必赢之局，我们齐心协力，103比84取胜。

得克萨斯，我们来了。

我们还是待在家里比较好。上半场不算太糟——马刺50比44领先，但下半场简直不能更差，63比33。

第四战，轮到我们了。

我们在第四节打出16比6的高潮，打开了局面，让系列赛重获悬念。三巨头合砍85分、30个篮板、10次助攻，还有10记抢断，其中6记来自韦德。马刺队114比104赢下了第五场，大比分3比2领先，但我们已经成功做到了活着离开得克萨斯，只要在迈阿密赢下之后的两场球，冠军就是我们的了。

不出意料，第六战从开场跳球起就很激烈。马刺队半场领先6分，三节过后把分差拉大到了10分。随后，我们打出了17比7的攻击波，在比赛还剩6分半时把比分扳成82平。下一个回合，我投中了自己本场的第一个球，使我们自第二节末以来第一次领先。*感谢你的跳投，雷。*

接下来，双方都无法取得比赛的掌控权。还剩1分半时，帕克投中三分，扳平了比分。

然后是连续三次失误，马刺队5分领先，为最终的、令人难忘的28.2秒搭好了舞台。

热火队叫暂停。

斯波尔斯特拉在聚商时说了什么？我记不清楚了，但我记得我们没有布置战术。那个赛季，在绝大多数关键时刻，暂停时布置的计划都是一样的：把球交给6号。

如果你还记得的话，迈克·米勒把球发给了勒布朗。他投丢了第一个三分球，但在迈克抢到篮板后命中了第二个。然后是科怀·伦纳德的罚球，圣安东尼奥领先3分。

由于我们已经用完了暂停，控卫马里奥·查默斯一路把球带到了前场。所有人都知道，勒布朗会投最后一球，但我还是做好了准备。

可是，我整个晚上只拿到两分，这怎么说呢？在对阵乔治城的大东区决赛，卡尔霍恩教练给我们最后一攻画战术时，我投丢了此前的14次投篮。但唯一有意义的只有最后一个球。后面的事情你们都知道了：我命中了三分球，我们通过加时赛赢下了第六战，以及两天后的第七战。

一年时间能带来多么大的差别啊。上一年，我还在竭力争取上场时间和尊重。下一年，我在痛饮香槟，再一次参加夺冠游行。

人们总想知道，哪一座总冠军对我来说更重要。答案是，两座都意义重大。不过，在经历了我在波士顿不得不忍受的事情之后，2013年我有一种重获清白的感觉，那是2008年没有的体验。我感到加入迈阿密是正确的决定。总冠军足以为证。

尽管如此，与2008年一样，夺冠并没有改变我的生活。

第七战后，我大概清晨5:00才睡觉，但8:00就醒了。我马上想起我已经拖了几个月的事情，比如去看牙医。我给他们打电话，看能不能给我安排。

“你刚赢了总冠军，”接待员说，“不应该在什么游艇上大开派对吗？”

9:00，我躺在座椅上，补好了牙。

当然，我可以等几天，但那不是我对待篮球或生活的态度。

赢下比赛，你应该享用这一刻，但别太激动；你必须为下一场球做准备。所以那个早晨，没有剩下的比赛，就意味着去看牙医。这就是为什么我没有像自己家人所做的那样，坐在家里，观看《体育中心》播放的比赛集锦。躺在功劳簿上休息，你就无法继续前进。昨天已经过去。每天早晨醒来的时候，我都问自己：*今天我怎么才能赢？*

在我们赢得总冠军后的几周，我还有一桩事情需要思考：*是时候退役了吗？*

这不是我第一次有这个念头。在凯尔特人的最后一季，一天，我在迈阿密的训练馆突然碰见了前公牛队后卫史蒂夫·科尔，他现在就任金州勇士主教练，当时在TNT电视台担任解说。

“你当年是怎样做的？”我问他，“你什么时候知道自己应该退役的？”

“当我的身体不用消炎药就没法打球的时候。”他说。

史蒂夫的话正中要害。我当时正大量用药，完全没意识到药物可能对身体造成的长期伤害。冰水浴和拉伸已经不再有效，我的关节在比赛和训练中遭受的撞击几乎无法忍受。

但我还是没有退役。到最后，我想：*我怎么能离开这帮人？*我待过很多更衣室，其中一些，如你所知，情况相当龌龊。这支球队的是目前为止最好的。

上一支三连冠的球队是 2002 年的湖人。我们当然有机会做到。勒布朗还处于自己的巅峰，CB 和韦德也是如此。此外，替补阵容也无比坚实。

3 月初，我们战胜山猫，战绩变为 43 胜 14 负。但斯波尔斯特拉还是一如既往地把我们逼得过分劳累，而且我们始终知道，只需要一段低潮期，球队总裁帕特 · 莱利就会更多地介入。

低潮期果然到来了：在休斯敦输球，然后接下来 5 战 4 负。莱利出席了训练，向球队讲话。我们靠着墙坐着，就像在上初中体育课。我不记得他说了什么话。总之，他演讲得非常棒，但我们始终没能回到低潮期之前的水平，最终 54 胜 28 负。

无妨。我们知道自己能进季后赛，所以没多少动力。此外，球员们都很累。过去，人们总是对我说："你真幸运，能进 NBA。"

我永远不会否认这一点。但对我们来说，这同样是项工作，而所有工作都会变得单调。

不管怎么说，一旦季后赛开始，我们就变成了另一支队伍。我们不再需要一个城市接着一个城市飞，也不再整晚通宵。我们待在同一个地方，拥有同一个目标——另一座总冠军奖杯。首先，4 比 0 横扫山猫。4 比 1 击败篮网。4 比 2 战胜步行者。最大的挑战就在面前：与马刺的再次对决。不过这一次，他们拥有主场优势。

没花太长时间。

首战输掉 15 分后，我们做出回击，第二战 98 比 96 取胜，夺走了他们的主场优势。如果我们能在自己的主场赢下接下去两场球，那么……

别想了。接下来两场球的场面正如比分所示那么丑陋：第三战 92 比 111，第四战 86 比 107。

马刺在暂停回来后尤其高效。每一次波波维奇都能让他们找到好的投篮机会，而且击败我们的不仅是他们的明星球员，后卫丹尼·格林和帕蒂·米尔斯也贡献颇多。系列赛仁慈地在第五战就结束了，104 比 87，伦纳德得到 22 分和 10 个篮板。

顺便一提，那场球我首发了。我 8 投 1 中，在第一节还剩 5 分钟时命中一球。三分球。

队友们都很失落。我们从未期待会输球，更不用说只用了 5 场。我坐在更衣室，边上就是勒布朗，他不停地摇着头。

几周后，他有决定要做——是否待在迈阿密，整个体育世界都在关注，就像 2010 年那样。

整个体育世界，不必说，都没在关注我的决定。

勒布朗选择骑士队后，我知道自己不会回迈阿密了。问题在于：

要不要跟他去克利夫兰？他尽其所能地劝说我，我猜他大约都把自己说累了。只可惜管理层没有像他那样重视我。骑士队始终没有给我开出报价。

明尼苏达和孟菲斯都显露出了兴趣，还有密尔沃基，但唯一开价高于联盟底薪的是休斯顿火箭队。不用了，谢谢。火箭队说他们想要赢得总冠军，但我清楚他们没有机会。

因此，10 月初训练营开始时，我仍然留在迈阿密，跟香农和孩子们在一起。我仍然考虑在赛季晚些时候加入某支球队，比如全明星赛期间，但一直没有合适的机会。很快，骑士队和勇士队就在 2015 年总决赛相遇了。这时候，我才第一次希望自己仍然在球场上。

我不怀念训练、投篮练习、长途航行，或者每天早上醒来时脚踝的疼痛。

我怀念的是把我所拥有的一切奉献给某项比我个人更重要的事业。这是我将永远怀念的。

很快，又一个赛季开始了，我还是不能就这么走开。我等着看会不会有合适的机会冒出来，但是没有。2016 年秋天，我宣布退役。

我比自己想象的更难过。虽然我已经两年多没打球了，但正式宣布才让我真正明白这是真的。这就是付出了那么多精力、那么长时间的代价。

我会永远记得意识到自己可以进入 NBA 的那一天。当时，我是康大的大一球员，正在训练。这时，泰特 · 乔治，那个在 1990 年 NCAA 锦标赛面对克莱姆森命中英雄一投的球员，过来跟球队讲话。

泰特到体育馆是来做一些训练的，那时他已经在 NBA 打了 3 年，效力于新泽西篮网。他要我们仔细听。

“我不是最有天赋的球员，”他对我们说，“但我在球队的那几年一直在赢。如果你们能赢球，你们也会有机会。”

那天下午，我近距离地看着他。他是对的。他不是最能跑能跳的人，也不是最伟大的投手。但是，他进了 NBA，一个我无比想去的地方。

他也看着我。

“这个大一新生比我当年要强。”泰特告诉其他人。

如果他真的这么觉得，我心想，我最好尽可能地努力训练，最大地利用好自己的机会。

我相信自己确实做到了。

EPILOGUE

后记 传承

PASSING THE BATON

一天下午，我来到钥匙球馆的停车场时，很惊讶地发现，有一辆车停在了自我 2003 年加入超音速队以来每场比赛都停车的位置。好吧，没有法定文件表明，那是*我的*停车位；我的名字没有写在路面上。不过，我总是第一个来的球员，经常比训练师还早，我挑中了这个停车位，离入口最近的地方。那属于我，每个人都知道。

认了认车，我直奔更衣室，去找我的队友安东尼奥·丹尼尔斯。

“老哥，你为什么停在我的位置上？”我问他。

安东尼奥声称自己不知情。

现在是我的训练时间。我俩迟点再聊这事儿。

那天晚上——我记得我们对阵尼克斯——我得到大约 40 分。我怎么投怎么进。赛后，在更衣室，安东尼奥没能忍住。“我把车停在了你的位置上。”他笑着说，“或许我应该更频繁地把车停在那儿。”

“闭嘴。”我半开玩笑地说，“永远不要再停在我的位置上。”

他再也没有停过，其他人也一样。

我知道你在想什么：为什么我那么在乎一个愚蠢的停车位呢？

因为，第一天是停车位，第二天，安东尼奥就会出现在球馆，跟我一起投篮，影响我的日常例行程序。不知不觉间，我的例行程序就会出问题。别忘了，正是例行程序帮助我在征战联盟的 18 年里一步一个脚印地建立起了信心。告诉我，谁会日复一日地遵守自己定下的固定程序，我就知道，他是值得倚仗的人。

无论是一支篮球队、一家律师事务所，或任何一群为追求共同目标聚在一起的人。

在 18 年里，每次踏上球场，我都有一种巨大的责任感。

不仅是对我效力的球队、我的队友、我的教练，或者球迷。我感到自己对这项运动、对那些先行者和后继者，都负有责任。

这种感觉来自我的新秀年，我得到了迈克尔·乔丹、米奇·里奇蒙德和其他老将的热情欢迎。

小心保管好，他们似乎在告诉我，虽然没有明白地说出口。*等到我们该走的时候，我们会传承给你。你要确保这项运动在你离开的时候比你刚到时更好，确保把同样的话传给下一代球员。*

说到底，没有人大过这项运动。威尔特、J 博士、迈克尔、拉里、“魔术师”、勒布朗，等等，都一样。我们走了那么远，来到这里，一定是克服了许多东西：我们的背景、我们的极限、我们的疑虑。这些东西拦住了许多人，本来也可能拦住我们，结果没有。

很多次，在我准备放弃那一天的时候，我会想到迈克尔、雷吉或其他任何我希望能比照的球员：他们不会放弃。他们还会继续投篮。他们还在坚持着繁重的工作。我也不会放弃。

你成为冠军，不是在击败其他球队的那一天。你成为冠军，是在承诺无论遭遇什么艰难险阻都奉献自己的一切的那一天。你会被评判吗？你最好相信，而且评判可能会比你应得的来得更猛烈。但没有借口去减少奉献。

你看，我本来可能变得跟我在南卡罗来纳一起长大的某些孩子一样。他们从来没想过自己可以成为职业运动员。毕竟，镇子上从没出过任何榜样给他们指路。然而，我很早就意识到，虽然生活并不总是公平的，但你不能让自己觉得你是受害者。否则，你就会真的变成那样。

这也是为什么在四十出头的年龄，我变得更具平常心了。我既是教练，也是老板——我是 5 个孩子的教练，他们每天都依赖我的领导力；我是成熟公司（Grown）的老板，我和香农几年前在佛罗里达州和康涅狄格州开了数家有机快餐饭店。在这两个位置上，我都经常想起那些激励过我的人，无论是在篮球圈内外，也会想起那些试图阻挠我的人。我从两者那里学到的教训都是无穷无尽的，也永远不会过时。

作为爸爸，我希望能帮助自己的 1 个女儿和 4 个儿子——25 岁的蒂拉、13 岁的雷雷、11 岁的沃克、8 岁的温、5 岁的威斯坦——免于做出糟糕的决定，但我始终谨记，我不能替他们做决定，就像我父母不能替我做决定一样。作为老板，我希望自己的员工们知道我有多么关心他们，而且会对他们负责任，就像那些曾纠正过我的人所做的那样。

我的孩子对我来说意味着整个世界。他们各有各的特别。

蒂拉生于 1992 年 9 月 25 日，当时我的世界还充满了未知。从很小的时候起，她就能分辨谁是真心爱我，谁只是图谋名利。我现在一闭眼就能回忆起她当初来康大看我比赛时的样子，坐在观众席上，身着哈士奇队的夹克衫，扎着辫子，一边微笑，一边等待，耐心地等着要签名的人都离开后，过来甜甜地叫一声："嗨，爹地。"她强健、聪颖、漂亮，永远是我的保护者。蒂拉毕业于昆尼皮亚克大学，主修传播学，辅修管理学，4 年中都参加了 NCAA 一级联赛的排球比赛。她在大二时检测出心脏问题，做了两次大手术，但从来没有错过一堂课或一个赛季。她现在在自己酷炫的博客上捍卫女性，鼓励身体自信和坦然接受自己的肤色。我很自豪我是她的爸爸。

我同样为我的 4 个儿子自豪。最大的雷雷，2004 年 9 月 8 日生于西雅图。香农的预产期还有两周，我在打高尔夫球，这时她打电话说，她要分娩了。我非常激动，跳进摆渡车里就跑了，把我的高尔夫球伴和俱乐部抛在了那里。雷雷一直是个认真严肃的孩子，在做一件事时，不管是画画、写歌，还是用乐高玩具搭建泰姬陵，他的专注力都能保持好几小时。他还有着不可思议的好胜心——究竟是痛恨失败，抑或只是喜欢胜利，我们暂时还不知道。雷雷参与各种体育项目，有着超出常人的运动能力，但他总是无私地寻求帮助和鼓励队友。他有着和善的灵魂，总是为弱者说话。我很感激他选择我们作为父母。

然后是沃克，我们的“男人秀”，2006年12月27日生于西雅图。你们已经知道他有多坚韧了。我们喜欢说，万事到了沃克手上都变得很轻松，无论尝试什么他都能做得很好。但真相是，仅仅是要活下去，他就已经要比其他人更努力了。他把一切都变得看上去很简单。他是我们的超级英雄——歌手，演员，好学生，参与7个项目的天赋运动员，完美的哥哥——持续地付出，总是先想到他人、后想到自己。对于兄弟姐妹的成就，就像自己的一样，沃克真心地感到激动。他相当特别。

温是我们的第三个儿子，也是我们“非正式的中间孩子”。小温2009年6月26日出生在马萨诸塞州牛顿市，长得跟我特别像。香农管他叫“我的特温”。他聪明、幽默、害羞、谨慎、守规矩。温是个天生的领袖——他给我们在晚餐桌上的谈话定调，在学校期待每一个可以代表班级的机会。与蒂拉、雷雷、沃克一样，温也是个小运动员。他喜欢一切体育项目，如果你有机会问他最爱什么，他会毫不犹豫地说：“网球是我的生命！”费德勒，瞧好了，我们的温要来抢你的世界第一啦！

最后，是威斯坦，我们家的小宝贝，第四个男孩，2012年1月25日生于牛顿。他是快乐的化身！威斯坦有着狂野和奇妙的灵魂，充满了神奇和可能性。他出生在一个难得的时间点，恰好是我们生涯顶峰和自由时光的交叉口。他的名字在威尔士语里是“战斗之石”的意思，他绝对没有辜负这个名字。他带着狮子般的金发和柴郡猫的笑容，冲进每一个房间，总是做好了立即行动的准备。威斯坦不受拘束，因为我们相当疼爱这个最小的孩子。他不怕麻烦地跟班上每个人都成为好朋友。我们开玩笑说，他是男生学校的校长，因为似乎老师们对这位两岁小访客的了解比那些正式学生还要多。我们自豪并兴奋地想知道孩子们的光明未来会如何展开，他们会把自己带到哪颗星星上。至于威斯坦，我们都相信他一定会是颗超新星。

有一天，我和香农在康涅狄格州开着车，经过一座露天球场。3个孩子，大概高中年纪，正在打球。我停下车：

“可以加一个吗？”

当然。

我投了几个球，热热身。很快他们就认出了我——毫无疑问，是因为我在康大的日子；那才是我密尔沃基新秀赛季结束后的那个夏天。

总之，我们打了一场21分的比赛，然后我不得不离开了。但在走之前，我走向车，给他们每人拿了一双球鞋。老兄，我真希望你能看看他们脸上的神情。

很长一段时间里，我都觉得我停车是为了他们，为了激励这些孩子坚持梦想，相信自我。但事实是，我停车是为了我自己，为了那个达尔泽尔野球场上的孩子。他跟其他孩子有着同样的梦想。他从来没有在某天偶遇一个NBA球员，但他还是坚持着自己的梦想。

这个孩子从未远去。我在大学和职业生涯里命中了上万记投篮，但在露天野球场上投进的那些球才是意义最重大的。

没有球迷，也没有啦啦队。只有我们一群人在打球，完全出于对这项运动纯粹的爱。你赢了，你跟所有人击掌，然后换下一拨对手。你输了，你下场坐着。相信我，没有人想下场坐着。

最棒的部分在于，我们在野球场上所做的一切——还有高中比赛也是——都没有录像。这些比赛保存在一个更特殊的地方：想象之中。每次你做了什么特别的事情，马上就会口口相传出去，很快变成了都市传说。

几年前，一个陌生人让我回忆起了我高四在山顶对阵西弗洛伦斯时的一个球。

我的队友在界外发球，把球吊给篮圈附近的我，我在空中接球扣篮。这个战术我们一直在用。但这一次，球传得太高，显然要砸到篮板了。

然而，在我起跳后，球看上去一点也没传高。那是我这辈子跳得最高的一次。我抓住球，把球扣进。这是我人生中最棒的扣篮之一。

“你当时跳得跟篮板一样高。”那人告诉我说，“我没见过这样的事情。”

我确定，有一天，我开车经过另一群在某个露天球场打球的孩子，我会再一次停车。

那时候，我可能已经很老了。他们可能完全不知道我是谁，但我心中的那个孩子却始终还在。

我会记得，我当初也跟他们一样——只有自己、梦想和热爱的运动。

“可以加一个吗？”

致谢

太多人激发了本书的写作！首先，也是最重要的，我所拥有的一切都要感谢我的父母。由于我们军旅家庭的不断搬迁，我有机会看看这个世界，从独特的视角去看待不同的人，不以自我为中心。谢谢你们，爸爸妈妈！我的兄弟姐妹：约翰、金、塔莉莎和克里斯蒂，我不管去哪儿总是带着你们。你们每个人都影响了我，帮助塑造我成为今天的这个男人。我永远感谢你们为支持我的梦想做出的牺牲。我爱你们。那些影响过我的想法、在课堂上给予我激励的老师们：巴雷特先生、哈金斯先生、基普里奥蒂斯先生、哈撒韦先生、布朗先生、巴思先生，谢谢你们！

感谢各位教练，教会我体育和人生的技艺：伦施教练、普莱森特教练、韦德教练、爱德华兹教练、威尔逊教练、史密斯教练、霍布斯教练、摩尔教练、莱陶教练、迪肯曼教练、卡尔霍恩教练、福特教练、卡尔教练、麦克米伦教练、韦斯教练、希尔教练、里弗斯教练、斯波尔斯特拉教练。

感谢加利福尼亚州卡斯尔空军基地、德国拉姆施泰因空军基地、俄克拉荷马州阿尔特斯空军基地、英国本特沃特斯皇家空军基地、加利福尼亚州爱德华兹空军基地、南卡罗来纳州肖空军基地的所有军事人员，你们与我的成长紧密相关。感谢你们向一个孩子展示了遵纪、正派、准时的重要性。感谢我的朋友多雷尔·西蒙斯。他汽车的消声器是我每天早晨的起床号，他每天都来载我上学。我要特别感谢肖空军基地球馆里陪我、爸爸和哥哥约翰打球的所有人。你们给了我最大的鼓舞，让一个年轻人去思考自己想在生命中成为怎样的人。

在我生涯中，还有许多了不起的队友，影响了我思考和打球的方式。我的初中和高中队友雷蒙德·威尔特希尔、肖恩·哈伯特、肖恩·卢尼、香农·卢尼、马克·怀特、德安德烈·詹姆斯、凯尔文·基思、德里克·赖特、T. 莫兰特、菲利普·莫兰特、科尔宾·迪斯、理查德·库利、丹尼斯·尼肯斯、托尼·耶茨、布赖恩·基思、朱利叶斯·加利肖、奥尔文·霍利迪、贝里·温、杰米·温，谢谢你们！我的康大兄弟鲁迪·约翰逊、凯文·奥利、唐尼·马歇尔、南坦布·威林厄姆、唐耶尔·马歇尔、柯克·金、特拉维斯·奈特、多伦·谢费尔、埃里克·海沃德、杰夫·卡尔霍恩、马库斯·托马斯、史蒂夫·埃姆特、拉沙梅尔·琼斯、安特里克·克莱贝尔、迪昂·卡森、布赖恩·费尔、格雷格·约曼斯、贾斯廷·瑟伯、里基·摩尔、凯尔·查普曼、鲁斯兰·伊尼亚特金。感谢你们激励我、推动我进入下一个层级。我还在NBA有过许多不可思议的队友！感谢埃利奥特·佩里、迈克尔·库里、乔·沃尔夫、阿门·吉列姆（愿他安息）、约翰尼·纽曼、舍曼·道格拉斯、罗伯特·特雷勒（愿他安息）、维恩·贝克、格伦·罗宾逊、萨姆·卡塞尔、迈克尔·里德、凯文·奥利、厄文·约翰逊、贾森·卡菲、达文·汉姆、蒂龙·希尔、特雷尔·布兰登、拉沙德·刘易斯、安东尼奥·丹尼尔斯、布伦特·巴里、尼克·科利森、乔汉·佩特罗、米卡埃尔·热拉巴尔、弗拉迪米尔·拉德曼诺维奇、安苏·塞萨伊、维塔利·波塔片科、雷吉·埃文斯、杰尔姆·詹姆斯、马丁·克利夫斯、达明·威尔金斯、卢克·里德诺、弗利普·默里、厄尔·沃森、凯文·加内特、保罗·皮尔斯、詹姆斯·波西、托尼·阿伦、埃迪·豪斯、埃弗里·布拉德利、P.J.布朗、利昂·波、拉希德·华莱士、肯德里克·珀金斯、勒布朗·詹姆斯、德韦恩·韦德、沙恩·巴蒂尔、克里斯·波什、尤多尼斯·哈斯勒姆、迈克·米勒、克里斯·安德森、詹姆斯·琼斯、马里奥·查默斯、诺里斯·科尔、朱万·霍华德、罗杰·梅森。这只是其中的一部分。

我还要感谢每个反对我、希望我失败的人。不管你们是谁，在哪里，你们都让我保持锐利和警觉。谢谢你们。

感谢罗莎琳德·拉姆塞，在我刚刚找到自己道路的时候，教会了我如何成熟，如何做一个男人。还要感谢你为我生下了美丽的第一个孩子蒂拉！感谢斯派克·李，信任我，让我在电影中出演了一个终生难忘的角色。特别感谢我的专业团队，认真处理各种琐事，花费了无数的时间维护我的品牌，为我的未来创造机会：奥林·迈耶斯、吉姆·坦纳、海伦·杜利、梅雷迪思·盖思勒、迈克·霍西、乔恩·海斯、约兰达·麦克布赖德、罗布·莫里斯、威尔·罗斯和格伦·格威兹·帕里什。

感谢迈克尔·阿库什、杰伊·曼德尔、马修·达多纳和卡洛斯·弗莱明，你们为本书奉献良多，把我的故事讲得栩栩如生。感谢阿尔、达里尔、塔米尔和D医生，还有我的侄子、侄女、外甥、外甥女们：小塔米尔、克里斯托弗、考特尼、贾米尔、小达里尔、杰德、凯拉、卡登和卡莱布。感谢你们把自己生命中最好的部分都用在了在全国各地的 NBA 球馆为我欢呼上——花上好几小时，等着雷叔叔 / 舅舅从更衣室出来——毫无疑问，经常要比你们的规定睡觉时间晚好久。特别感谢全国各地的朋友们，你们支持我，维护我的生涯，无论在哪座城市，无论高峰低谷。感谢约翰、杰姬、萨拉、杰米、布兰丁和查理女孩。我从你们家偷走了一小块，让她成为我宇宙的中心。

最后，我要感谢我美丽的妻子香农，持续地帮我保持专注力和动力，为我和孩子提供了一个男人所能要求的最好的、最有爱的环境。感谢孩子们，你们各有各的神奇和惊人之处！蒂拉、雷雷、沃克、温和威斯坦，愿这本书永远提醒你们，生活总有迂回曲折，总有好人和坏人，但如果你们始终相信自己和前进的方向，你们就能创造出可以改变时间的人生。你们的爱支撑着我的人生，让我从内心感到充实。爸爸爱你们。

迈克尔 · 阿库什想要感谢他的妻子保莱塔 · 沃尔什在本书写作过程中一贯不懈的支持。他还要感谢詹姆斯 · 史密斯、吉姆 · 卡尔霍恩和菲尔 · 查迪斯提供的有用信息和鼓励。要隆重感谢戴伊街（Dey Street）出版社团队使得本书得以问世，特别是编辑马修 · 达多纳、社长林恩 · 格雷迪、副社长本杰明 · 斯坦伯格、责任编辑塞雷娜 · 王、宣发玛丽亚 · 席尔瓦和封面设计师普洛伊 · 西里潘特，与他们合作非常愉快。最后，迈克尔想要感谢雷本人，感谢他的合作、高效，以及那些长谈。